カスタマーサービスの英語

お客様の苦情・要求にはこう対応したい！

When Your Customers Are Unhappy — What Should You Do?

ロッシェル・カップ　佐々木順子
Rochelle Kopp　Junko Sasaki

研究社

Copyright© 2012 by Rochelle Kopp and Junko Sasaki

カスタマーサービスの英語
お客様の苦情・要求にはこう対応したい！

When Your Customers Are Unhappy — What Should You Do?

PRINTED IN JAPAN

まえがき Introduction

21世紀に突入し、ビジネスのグローバル化が加速している。アメリカ企業も、日本企業も、BRICs諸国やASEAN諸国を含む世界各国に積極的に進出している。この10年で、世界のビジネス形態は大きく変貌した。

ビジネスのグローバル化にあわせて、各企業はcorporate image（企業イメージ）を大切にする必要に迫られている。インターネットの普及により、消費者の声が世界中で力を持ちつつあるからだ。ある会社の製品やサービスを実際に経験した消費者たちが、その思いをブログやツイッターやフェイスブックでストレートに吐き出している。そして彼らは、もしある製品やサービスに不備があったりすれば、その提供元の企業のカスタマーサポートに問い合わせる。そこで自分の要求が満たされれば、好意的な発言をウェブ上に発信するかもしれないが、「要求がまったく満たされない」「担当者の対応に憤慨した」というようなことがあれば、その思いをネガティブに吐き出すことになる。そしてそのマイナス情報はあらゆるところに転送され、場合によってはその企業のcorporate imageが大きく損なわれてしまうことにもなりかねない。企業としては、なんとしてもそんなことは避けなければならない。消費者にマイナス・イメージを植え付けてしまえば、企業としての存続が危うくなる……。

今や多くの企業が、こうした事態を重く受け止めて、カスタマーサービスの充実に注力している。本書でも紹介するように、そのカスタマーサービスの充実度を売りにして、業績を大きく伸ばしている企業も少なくない。自社の製品やサービスを積極的に売り出すだけでなく、顧客を満足させる対応を提供することが、企業成長の鍵なのだ。

そして、グローバル化があらゆる状況で進み、各企業は、そのカスタマー

サポートを、ごく自然に世界共通言語の英語で行なっている。顧客の多くが英語でのコミュニケーションを求める以上、企業は当然それに対応しなければならない。こうした事情に対応すべく、これも本書で紹介するが、本社はアメリカにあるものの、主に人件費を抑えることを目的として、カスタマーサポートを行なうコールセンターをASEAN諸国などに置いているグローバル企業も急増している。こうしたコールセンターには、流暢な英語を話す担当者たちが、カスタマーからの電話やメールやチャットに備えている。

各企業は共通のカスタマー対応マニュアルを用意しているだろうが、状況によっては個人の判断で対応することも求められる。

こうした世の流れにおいて、日本のビジネスピープルも、自分たちの顧客に英語で対応する必要に迫られている。しかし、英語を第一言語としない日本人のみなさんは、どんなことに注意して英語のネイティブスピーカーのサポートにあたらなければならないだろうか？

迅速でていねいな対応を試みることは言うまでもないが、日本と英語圏の文化の違いを考えて、それぞれにあった対応の仕方を考えることも必要である。

日本語の顧客対応では、「顧客からクレームがあれば、平謝りをする」ことがよくあるかもしれない。自分たちの間違いを素直に認め、それに誠意をもってお詫びすることはもちろん重要だ。しかし、英語でコミュニケーションをはかる人たちには、「その解決策を明示する」ことが求められる。これを試みる様子をまったく見せず、何をいわれようとひたすら謝りつづけていると、自分たちは逆に軽んじられていると感じてしまう英語話者もいる。

日本人のビジネスピープルに、日本語と英語の文化の違いを示しながら、英語による効果的なカスタマーサポート方法を手順ごとにいくつか分類して、わかりやすく説明できないだろうか？

本書執筆のきっかけは、まさにこうしたことを、2012年2月に研究社の金子靖さんとスカイプで話したことである。そして金子さんと2人で英語

による効果的なカスタマーサポート方法を6種類設定した。そのあと、佐々木順子も加わり、この6つの手順にそれぞれスピーキング、ライティングで対応する文例を2つずつ用意した。どれも現代のビジネスシーンで起こりうるものであるし、中には著者が実際に体験したものも含まれている。

　本書に収録した24のカスタマーサポートのメッセージ＆レスポンスの文例は、すべてカスタマーから寄せられると想定されるものであり、それに対する効果的な対応を紹介している。本書に収録したこの24の文書を作成するにあたっては、実際にアメリカのビジネスシーンで使われているものに限りなく近いものにしようと心がけた。

　用例だけでなく、それぞれの文例に使われている英語表現もぜひ覚えていただきたく、解説（「スピーキングによる対応」「ライティングによる対応」）でそれを詳しく解説した。そしてそれを巻末の「カスタマーサポート英語表現一覧」にまとめた。こちらもぜひ参考にしてほしい。

　本書の編集にあたっては、研究社の金子靖さんのほか、大谷千明さんにも大変お世話になった。大谷さんは若い感性を存分に発揮し、装丁、レイアウトでも魅力的なアイデアをいくつも出してくれた。金子さん、大谷さんの2人の優秀な編集者に、心より感謝申し上げる。

　ご自分のお客様と英語で効果的にコミュニケーションをはかろうと考えるみなさまに、本書を長く活用していただけることを、著者2人は願ってやまない。

　2012年8月1日　サンフランシスコ

　　　　　　　　　　　　　　　　ロッシェル・カップ（Rochelle Kopp）
　　　　　　　　　　　　　　　　佐々木順子（Junko Sasaki）

目次　Contents

まえがき　iii

Chapter 1

お詫びが必要でない場合　1
When an apology is not necessary

▶スピーキングによる対応 1

Speaking Example 1　　配送先を変更してほしい　4
Speaking Example 2　　プロジェクト変更に伴うソフトウェアの使用法を
　　　　　　　　　　　教えてほしい　8

> 🔍▼ コラム 1　Rochelle's Eye 1
> まだまだ増える海外コールセンター──企業は満足、顧客は不満足？　13

▶ライティングによる対応 1

Writing Example 1　　購入商品を払い戻したい　14

> 🔍▼ コラム 2　Rochelle's Eye 2
> カスタマーサービスのこれから ── 鍵を握るのは通信環境の変化と高齢化　19

Writing Example 2　　キーコードを忘れてしまった　20

> 🔍▼ コラム 3　Rochelle's Eye 3
> 理想的なカスタマーサービス人員に求められる 3 つの能力　24

Chapter 2

すぐに返答できない場合　25
When you can't answer right away

▶スピーキングによる対応 2

Speaking Example 1　レッカー車の到着が遅れている！　28

> 🔍▼ コラム 4　アメリカ企業のカスタマーサポート①　**Apple**
> コンピュータ業界の常識を覆したアップル社のカスタマーサービス戦略　32

Speaking Example 2　メールが送信できない　34

▶ライティングによる対応 2

Writing Example 1　延長保証期間を確認してほしい　38

> 🔍▼ コラム 5　アメリカ企業のカスタマーサポート②　**Amazon**
> お客様のフィードバックによって、世界最高の顧客中心の会社を作る　43

Writing Example 2　書類を提出すべきか教えてほしい　44

Chapter 3

こちらに非があるが、すぐに解決できない場合　49
When your side is at fault, but you can't solve the problem immediately

▶スピーキングによる対応 3

Speaking Example 1　注文品に不備がある！　52

Speaking Example 2　クレジットカードに二重請求された　56

▶ライティングによる対応 3

Writing Example 1　注文の品に欠陥があり、配送を早めてほしい　60

vii

🔍▼ コラム6　アメリカ企業のカスタマーサポート③　**Zappos**
顧客にも、社員にも、投資家にも「感動（Wow!）をもたらす」　65

Writing Example 2　新製品の発売日を今すぐ知りたい！　66

Chapter 4
お詫びして、対策を提示する場合　71
Apologizing and suggesting a solution

▶スピーキングによる対応 4

Speaking Example 1　Eメールが使えない！　74

🔍▼ コラム7　Rochelle's Eye 4
サービス拡大中のチャットサポート——オペレーターはいかに備えるか　79

Speaking Example 2　家のプラムの木が切り落とされた！　80

▶ライティングによる対応 4

Writing Example 1　ウェブサイトでうまく注文できない！　84
Writing Example 2　注文の品がまだ届かない！　90

Chapter 5
顧客の要望に応えられない場合　95
When you can't do what the customer is requesting

▶スピーキングによる対応 5

Speaking Example 1　変更料を免除してほしい！　98

- 🔍▼ コラム 8　Junko's Eye
  個人の度量に左右される、アメリカのカスタマーサービス　103

Speaking Example 2　ピザの配達が遅い！　104

▶ライティングによる対応 5
Writing Example 1　上階の騒音をなんとかしてほしい！　108

- 🔍▼ コラム 9
  TOEIC® に出る「カスタマーサービスの英語」　113

Writing Example 2　家具の配送を繰り上げてほしい！　114

Chapter 6

再度要求を断る場合　119
When you need to turn the customer down a second time

▶スピーキングによる対応 6
Speaking Example 1　iPhone を保証内で修理してほしい！　122
Speaking Example 2　ガス停止措置はおかしい！　126

- 🔍▼ コラム 10
  TOEIC® スピーキングテスト／ライティングテストには、「カスタマーサービスの英語」が頻出！　130

▶ライティングによる対応 6
Writing Example 1　クリーニングをしてしみをとってほしい！　132
Writing Example 2　ちゃんと修理するか、新品と交換してほしい！　138

索引　カスタマーサポート英語表現一覧　143

本書の音声データ（MP3）は、研究社ホームページ（www.kenkyusha.co.jp)、または iTunes Store にて無料でダウンロードできます。

　詳しくは、研究社ホームページ（www.kenkyusha.co.jp）をご覧ください。

Chapter 1

お詫びが必要でない場合

When an apology is not necessary

苦情を伝えるために電話をかけたりメールを送ったりする時、顧客はとても困った状況にあるはずだ。その人が何よりも求めているのは、自分が今抱えている問題を解決してもらうことである。そうした顧客に対して、自分がその状況を正しく把握したことを伝え、対策を提案することは、非常に重要だ。また、商品やサービスの利用に対し感謝を述べることも、同じく大切な礼儀である。

以上のことをふまえて、**Chapter 1**では謝罪が必要でない状況を取り上げながら、カスタマー対応の基本的な答え方を紹介する。顧客への謝罪はむずかしい表現やテクニックを伴うので、後の章で改めて紹介する。

この章で紹介する返答例は、いずれも3つのステップを踏んでいる。

STEP 1　状況が把握できたことを示す
STEP 2　対策を提案する
STEP 3　商品やサービスの利用を感謝する

ではこれを、1つずつ見ていこう。

STEP 1 ▶ 状況が把握できたことを示す

相手の状況を把握していることを示すには、いくつかの方法がある。それを組み合わせて応えてもよい。

1つは、**Thank you for...**（……に感謝します）、**I appreciate...**（……をありがたく感じます）といった表現を使って、問題を伝えてくれたことに対し、感謝を述べることである。たとえば、**Thank you for sharing the situation with me.**（状況を説明してくださって、ありがとうございます）や、**I appreciate your explaining the details of what happened.**（何が起こったか、詳しく説明してくださって感謝します）というふうに、感謝の気持ちを表現しながら、状況を確かに理解していることを伝えればよい。返答の出だしがこのようにていねいであれば、相手のいらだちもやわらぐだろう。

面倒な状況を時間をかけて説明してくれた時や、わざわざこちらに連絡する手間を取ってくれたと思われる場合は**Thank you for taking the time to ...**（わざわざ時間をとって……してくださり、ありがとうございます）と述べる

とよい。

　もう1つは、率直に **I understand**（わかりました／理解できました）と伝えることだ。**I see...** で話しはじめて、たとえば **I see what happened.**（何が起きたかがわかりました）や、**I see how this could have occurred.**（どのようにして起こりえたか、いきさつがわかりました）などと応えてもよい。

　同じようなケースが過去にもあった場合は、それをあえて伝えることで、こちらは状況を把握していると示すことができる。たとえば、**We've had this situation in the past.**（過去にもこのような状況が起きたことがある）や、**It sometimes happens that...**（……が時々起こる）と言ったり、**This is something that occasionally crops up.**（これはたまに見られることです）と指摘すればよいだろう。しかし、こうした表現を使う時は、「同じ問題が頻繁に起こっているのに、この会社は再発防止策をとっていない」という印象を顧客に与えないように気をつけたい。

STEP 2 ▶ 対策を提案する

　できるだけ具体的に提案することが重要だ。ていねいに説明して、相手が十分理解できるようにする。カスタマー対応でいちばん重要なのが、このステップかもしれない。

STEP 3 ▶ 商品やサービスの利用を感謝する

　英語で顧客にメッセージや手紙を送る時は、最後に必ず感謝を示すことを習慣づけたい。これにより、好意的に返答を締めくくることができる。商品やサービスの利用に対して感謝してもよいし、会社やブランドの顧客でいてくれることを感謝してもよい。後者の1例として、**Thank you for your patronage.**（当店（当社）をご愛顧いただきまして、ありがとうございます）がある。

1　お詫びが必要でない場合

スピーキングによる対応 1

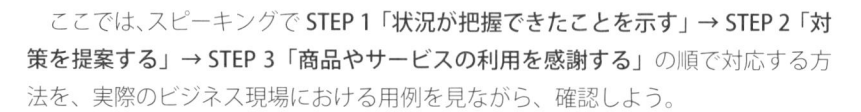

ここでは、スピーキングで STEP 1「状況が把握できたことを示す」→ STEP 2「対策を提案する」→ STEP 3「商品やサービスの利用を感謝する」の順で対応する方法を、実際のビジネス現場における用例を見ながら、確認しよう。

Speaking Example 1

Voice Message（顧客からの音声メッセージ）
配送先を変更してほしい

Hi, I just placed an order through your website for 1 bottle of Vitalzym.[1] When I got the confirmation email, I noticed that the address it's being shipped to is my old address. I haven't ordered from your site for a while, so the old address must have still been in there,[2] and I didn't notice it when I placed my order. Can you stop the shipment and have it go to my current address? My address is now 1542 Woodland Drive, Bear Creek, Minnesota.

　こんにちは。そちらのウェブサイトで、先ほどバイタルザイムを1瓶注文したのですが、確認メールをもらった時に、届け先が以前の住所になっていることに気づきました。しばらくそちらのサイトで買い物をしていなかったので、昔の住所がそのまま残っていたようです。注文した時には気づきませんでした。配送を停止して、今の住所に送っていただけますか？　新しい住所は1542 Woodland Drive, Bear Creek, Minnesota です。

Response（返答）
要求に応じて配送先を変更する

Thanks for explaining the problem, I can see how that could have happened. I can certainly help you with that. I will go in[3] now and suspend[4] the shipment — I see that it's still at our warehouse so that's no problem. I have put your new address into our system and made a new shipping request. Your new shipping confirmation number is 5343-A. Thanks so much for shopping with us.

　事情をご説明いただき、ありがとうございます。そういうことも起こりえると理解しております。もちろん、当方で対処いたします。今からただちに配送を停止いたします。まだ倉庫を出ていませんから、問題はありません。弊社のシステムにお客様の新しい住所を入力し、新たに配送先を指定しました。お客様の新しい配送確認番号は、5343-A になります。当サイトをご利用いただき、誠にありがとうございます。

注
1) Vitalzym　バイタルザイム（新陳代謝を高める酵素サプリメント）　2) (the old address must have still been) in there　ウェブサイトに残っていた（ウェブサイトに配送先として登録されていた）　3) go in　自分が配送システムに入る　4) suspend　一時停止する、見合わせる

▶ ▶ ▶ ▶ ▶

▶ スピーキングで返答する際の注意事項 1
(Tips for effective spoken responses 1)

STEP 1 ▶ 状況が把握できたことを示す

　この返答例では、問題を説明してくれたことに感謝し、続いて相手が今困った状況にあるのを理解したことを示している。Thanks は thank you よりもくだけた言い方なので、会話には適しているが、メールや手紙では親しい友人に宛てる場合を除き、あまり使われない。I can see how that could have happened.（そういうことも起こりえると理解しております）と、can を see の前につけることによって、「確かにそういうことも起こりえますね」と、その可能性を認めていることが強調できる。

STEP 2 ▶ 対策を提案する

　まず、I can certainly help you with that.（もちろん、当方で対処できます）と伝えて、対応できるということを確認している。can は前の文にも出てくるが、「できます」と繰り返すことで、積極的な姿勢が示せる。certainly は「確かに」や「問題なく」というニュアンスを持つので、カスタマー対応では活用したい言い方だ。

　この返答例は、話しながら問題解決にあたっていることが特徴的だ。I will go in now（これからシステムに入ります）ではじまる部分から、ただちに具体的な行動をとっていることが伝わってくる。I see that it's still at our warehouse（まだ倉庫にありますね）は、今コンピュータで検索して見ているという意味。続いて that's no problem（問題ありません）と伝えれば、顧客は安心するだろう。

　I have put your new address... の文は、現在完了形で、対策をすでにとったことを示す。さらに新しい配送確認番号を知らせて、問題の対処を完了させている。この例では、ポイントを絞って、わかりやすく明確に対策が提案されている。

　以下、STEP 2 に出てきた表現を使った言い方を示す。

・*I can certainly* propose a solution for that.
（もちろん解決方法をご提案できます）

・*I have already put* the question before the committee.
（すでに委員会に質問を提出してあります）

> STEP 3 ▶ 商品やサービスの利用を感謝する

Thanks so much は少しくだけた言い方で、口頭でよく使われる表現だ。so much を加えることで、より心を込めた言い方になる。

感謝の言葉は、ほかに 73 ページの STEP 5 を参照。

📖 Additional Useful Expressions　（ほかの覚えておきたい表現）

そのほか、Speaking Example 1 の Voice Message（顧客からの音声メッセージ）から、覚えておきたい英語表現も紹介する。

Hi, I just *placed an order* through your website for 1 bottle of Vitalzym.
place an order は便利な表現だ。

・I *placed an order* online for a laptop computer.
（インターネットで、ラップトップ・パソコンを注文した）

・Akiko *placed an order* for Haruki Murakami's *1Q84* at the bookstore.
（晶子は村上春樹の『1Q84』を本屋で注文した）

――
1　お詫びが必要でない場合

Speaking Example 2

Voice Message (顧客からの音声メッセージ)
プロジェクト変更に伴うソフトウェアの使用法を教えてほしい

Hi, I'm from Cases Unlimited. I ordered your project management software package last month and have been happy with it, but I'm now having a problem. I created a project and planned a schedule of completion for our next generation laptop bag. Now, however, tablets are all the rage,[1] and we need to get a tablet case out ASAP.[2] We still want to return to[3] the laptop bag project later, but in your software it doesn't seem possible to have a new project be treated as the priority. I don't see any way to handle[4] this situation using your product.

　こんにちは。Cases Unlimited の者です。御社のプロジェクト・マネジメント・ソフトウェアパッケージを先月注文し、重宝していますが、1つ困ったことがあります。次世代ノートパソコン用バッグの開発を企画し、予定を組みましたが、タブレットの流行により、至急タブレット用ケースを作る必要が生じました。ノートパソコン用バッグのプロジェクトの作業はのちほど進めたいのですが、御社のソフトウェアは新規プロジェクトを最優先することができないようです。この状況に対処するために、そちらの製品をどう使ったものか、方法がわかりません。

Response（返答）
2つの解決法を提示する

I believe that I understand your problem and should be able to help you with that. You want to[5] push back[6] all the tasks on your existing project so that they will be scheduled for after the completion of the new project.

There are two ways to handle that. In either case, you should go ahead[7] and create the new project for the tablet case. If you want to push back all future deadlines on the laptop project by a fixed amount, say 4 months, open the project, select the Scheduling tab, and then under that, the Overview tab. Click on the Adjust button and you will see various options. Select "Delay this Project" in the Scheduling Adjustments window. Enter then number of months, in this case '4,' and select the unit, 'months.' All future deadlines will be pushed back, but anything already completed will not be affected.

Alternatively,[8] you might go to the same Scheduling Adjustments window and select "Suspend this Project". That will make the project unavailable[9] for any updates until you select "Recommence this Project." Use whichever approach better fits your needs. I hope this was helpful. Thank you for being our customer.

　お客様の問題は理解できましたので、お力になれると思います。既存のプロジェクトのタスクを全部先送りして、新しいプロジェクト終了後の日付になさりたいのですね。

　これには2つの方法があります。いずれにしろ、まずタブレットケース用に新しいプロジェクトを作成してください。ノートパソコン関係のプロジェクトの締め切りをすべて、たとえば4カ月先送りになさる場合には、プロジェクトを開いて、「スケジューリング」のタブを選び、続いてその下の「オーバーヴュー」のタブを選びます。「調整」ボタンをクリックすると、さまざまな機能が選べます。「スケジュール調整」のウインドウから、「プ

ロジェクトを延期する」をお選びください。続いて延期する月数として、この場合は「4」を入力し、単位は「月」を選びます。これで今後の締め切りはすべて先送りされますが、すでに終了しているタスクに影響はありません。

　もう1つの方法として、同じ「スケジュール調整」ウインドウに行き、「このプロジェクトを保留する」を選ぶ方法もあります。この場合、「プロジェクトを再開する」を選ぶまで、そのプロジェクトは更新できなくなります。どちらでも、ご都合に合うほうをご使用ください。以上、お役に立つことができましたら幸いです。当社をご利用いただき、ありがとうございます。

注
1) all the rage　大流行で　2) ASAP　as soon as possible の略。至急　3) return to...　……に戻る　4) handle　対処する、対応する　5) you want to　……したいのですね　6) push back　延期する　7) go ahead　進める、実行する　8) alternatively　あるいは、その代わりに　9) unavailable　利用できない、無効の

▶ スピーキングで返答する際の注意事項 2
（Tips for effective spoken responses 2）

STEP 1 ▶ 状況が把握できたことを示す

　この例文では STEP 1 を I believe that... ではじめている。この表現は日本語の「……と思います／……と存じます」に相当し、よりていねいな応対を印象づけることができる。この返答例はやや複雑なので、単に I understand your problem（あなたの問題を理解しました）と言うだけだと断定的で、ややおこがましい印象を与える恐れがある。そう言ったあとで、実は顧客の問題を把握できていなかったというようなことになったら、顧客に不愉快な思いをさせるかもしれない。あるいは顧客の問題を間違って理解していたことがわかれば、「最初にわかったと言ったじゃないか！」と顧客を怒らせる可能性がある。そして、"No! You didn't understand my problem!"（あなた、私の問題を全然わかってなかったじゃないですか！）などと言い返されてしまうかもしれない。

　You want to... ではじまる文章では、顧客が説明した要望を別の言葉で言

い換えている。このような言い換えは、相手の言ったことを正しく把握できていることを伝えるために、カスタマー対応に求められる重要な技術の1つだ。もし自分の言ったことと異なっていれば、相手はそれを示すはずである。

以下、STEP 1に出てきた表現を使った用例を示す。

- *I believe that* we understand each other now and it's time for us to find a point of compromise.
（お互いを理解しあえたところで、妥協点を見つける時だと思う）

- *You want to* get everything that you ordered by Thursday so you can display them on the opening day of your shop.
（木曜日までにご注文の品をすべて受け取られ、お店の開店日にそれを展示されたいのですね）

STEP 2　対策を提案する

ここでは解決策を2つ提示しているが、このように選択肢を与えられるのは、顧客にとってとてもありがたい。2つも説明するのは面倒だからか、勝手に1つだけ選んで説明する担当者もいるが、可能な範囲で選択肢を提示したほうがいい。両方を詳しく説明すると時間がかかってしまうと思われる場合は、要約だけ説明する。その上でどちらかを選んでもらってから、さらに詳しく説明を加えればよい。

内容が複雑な場合は、順序立てて段階的に説明するのがもっともよい。

操作法の説明では、2回も then（次に／続いて／今度は）が使用されている。手順や操作方法の説明中、次の段階に進む時に then を使える。

Alternatively, you might go toの might（あるいは……するかもしれない）は、顧客が取るかもしれない行動を説明している。「あるいは……されてもいいでしょう」という意味のていねいな言い方である。

説明の最後に I hope this was helpful（この返答がお役に立てたならいいのですが）と言っているが、これには2つの効果がある。1つは、ていねいに応対しているという印象を与えられる。もう1つは、確認のための表現になるということだ。説明が役に立たなかったら、この時点で顧客は

何か言うだろう。
　以下、STEP 2 に出てきた表現を使った用例を挙げておく。

Alternatively, you may be able to see Mr. Hilke there.
（あるいは、現地でヒルキ氏と会うこともできると思います）

STEP 3 ▶ 商品やサービスの利用を感謝する
　Thank you for being our customer.（弊社をご愛顧いただき、ありがとうございます）は、顧客へ感謝を伝えるもっとも簡潔で率直な言い方だ。

Additional Useful Expressions （ほかの覚えておきたい表現）

　そのほか、Speaking Example 2 の Voice Message（顧客からの音声メッセージ）から、覚えておきたい英語表現も紹介する。

Now, however, tablets are all the rage, and we need to get a tablet case out *ASAP*.
　as soon as possible は、日常的に ASAP と省略して使われるので注意。

Jennifer, could you input some data into your computer *ASAP*?
（ジェニファー、君のパソコンに大至急データを打ち込んでもらえないか？）

...but in your software it doesn't seem possible to have a new project be treated as the *priority*.
　priority の使い方も注意。形容詞としても、名詞としても使われる。

・Because of a high *priority* project due on Tuesday, I am afraid that Mr. Yoshida will not be able to attend the meeting today.
（火曜が期限の優先度の高いプロジェクトがあるので、吉田氏は今日の会議に出られないと思います）

・Losing weight is a high *priority* for me.
（私にとって優先順位が高いのは、やせることだ）

コラム1　Rochelle's Eye 1

まだまだ増える海外コールセンター
企業は満足、顧客は不満足？

プリンターに不具合が出たので、ニューヨークからヒューレット・パッカード（Hewlett-Packard）のテクニカルサポートに電話した。カリフォルニア州パロアルトの本社にかけたが、つながった先はインドのコールセンターだった……

こんなことが、アメリカでは珍しくない。コールセンタービジネスは、アジアを中心に巨大化している。整然と並んだブースの中で、オペレーターたちが顧客からの電話に対応している。スタッフ数は、20人程度から数百人まで、企業によってさまざまだ。

アップル（Apple）、アメリカン・エクスプレス（American Express）、マイクロソフト（Microsoft）など、アメリカを代表する企業の多くは、コスト削減をはかり、インド、フィリピン、シンガポール、南アフリカ、アイルランドといった国々にコールセンターの機能を移転させた。オペレーター1人あたりの人件費は当然安く、たとえばインドではアメリカの1割程度ですむ。

UCLAインド・南アジアセンターの所長、アクヒル・グプタ教授は、インドのコールセンターで働く人々の生活について、詳しい調査をおこなった。「彼らはアメリカやイギリスの顧客から常時寄せられる電話に1つひとつていねいに対応しています。実際、彼らは就業中はほかの国で過ごしているようなものです」と語る。

『ニューヨーク・タイムズ』紙の最近の記事によると、フィリピンのコールセンターではおよそ40万人が働いている。アメリカとの時差は、12～16時間だ。当然、夜勤が多くなり、カスタマーサポート業務の離職率は高い。にもかかわらず、海外コールセンター産業は年平均25～30％の成長を続けている。

カスタマーサポートは大変な業務である上に、顧客から不満を寄せられることも少なくない。彼らの国々の英語は英米の英語と異なっているため、「何を言っているのかわからないし、話しても通じないオペレーターがいる」といった不満が寄せられる。そこで、こうした顧客の要望に応えようと、あるアメリカの企業は、カスタマーサービスのスタッフ全員がアメリカ在住であると知らせる広告を打ち出した。一方、海外コールセンターは、顧客に上手に対応するために、オペレータがアメリカ文化を学ぶ機会を積極的に作っている。

ライティングによる対応 1

ここでは、ライティングで STEP 1「状況が把握できたことを示す」→ STEP 2「対策を提案する」→ STEP 3「商品やサービスの利用を感謝する」の順で対応する方法を、実際のビジネス現場における用例を見ながら、確認しよう。

Writing Example 1

Email Message（顧客からの E メール）
購入商品を払い戻したい

I purchased a Groupon[1] for one month of unlimited[2] yoga classes at Vinyasa Yoga in San Pedro. But before I could use it, the yoga studio changed its policy, saying that the Groupon could only be used for "community classes." However, there are not very many community classes, and they are at times that are not convenient for me. I'd like to request a refund.

Lisa

　サンペドロのヴィンヤサ・ヨガで、1 カ月間無制限でヨガクラスが利用できるグルーポンを買いました。ところが、使用する前にスタジオの方針が変わり、グルーポンは「コミュニティ・クラス」でしか利用できなくなったと言われました。でも、コミュニティ・クラスは数が少なく、クラスの時間も私の都合に合いません。払い戻しをお願いします。

　リサ

Response（返答）
現金以外の方法で払い戻しに応じる

Hi Lisa,

I understand your concern, and as a solution I've just canceled this order and issued a $25 Groupon credit to your account.[3]

The credit is available in your account immediately and does not expire.[4] You can see your available credit by selecting "My Account" or "My Gifts" from the drop down menu that appears when you place your cursor over your name in the top right corner of www.groupon.com. Your available[5] credit will be displayed in the white box to the right. Groupon credit will automatically apply to your future purchases until it runs out.[6]

Please let me know if I can help you further. Thank you for using Groupon.

Regards,

Brian B
Groupon Customer Support

リサ様

　お困りの状況は理解しました。たった今、解決策として、今回のご注文はキャンセルし、25ドル分のグルーポン・クレジットをお客様のアカウントにお戻ししました。

　クレジットはすぐに使用可能で、無期限です。www.groupon.com で、右上のご

自分のお名前の上にカーソルを置くと、ドロップダウンメニューが現われます。そこで「マイ・アカウント」もしくは「マイ・ギフト」を選ぶと、ご使用可能なクレジットが表示されます。使い切られるまで、今後のご購入・お支払いに、自動的に振り当てられます。

　またお役に立てることがありましたら、お知らせください。グルーポンをご利用いただき、ありがとうございます。

　　グルーポン・カスタマーサポート
　　ブライアン B

注
1) Groupon 【商標】グルーポン。2008年にアメリカで創設された、期限までに購入者が所定人数に達すれば格安価格で購入できる group shopping サービスサイト（の運営会社）。またそこで購入した商品・サービスの受取権ないしクーポン券　2) unlimited　無制限の、……し放題の　3) issue a $25 Groupon credit to your account　「払い戻しにあたり、グルーポンのみで使用可能な金額を、顧客の利用アカウントに加算した」という意味。4) expire　失効する、満期になる　5) available　利用可能な　6) run out　使い尽くす

▶ライティングで返答する際の注意事項 1
（Tips for effective written responses 1）

STEP 1 ▶ 状況が把握できたことを示す

　苦情の内容が単純なので、状況把握の確認も **I understand your concern** …（お困りの状況は理解しました）と、ごく簡潔に表現されている。そしてそれにつづけて、同じ文の後半で、解決策を示している。

STEP 2 ▶ 対策を提案する

　この例文では対策を示すために、**as a solution**（解決策として）という表現を使っている。解決策を1つだけ提示し、しかもこのメールを書く前にすでに実施したと述べている。これにより、「こちらでとれる解決策はこれだけだ（なので、これ以上連絡をもらっても対応しかねる）」というメッ

セージを暗に送る。こうしたメールに対して、文句を言ったり、さらに何かを求める顧客は、まずいないだろう。

　この返答のメールは、対策を実行した直後に書かれている。現在完了形の文に just（たった今）を入れることにより、措置をとってすぐにメールを書いていることを強調し、てきぱきと仕事を進めている印象を与える。

　対策としてクレジットを発行しているが、それについて相手はおそらく十分な知識がないので、内容と使用方法を詳しく説明している。

　そのあとで、「またお役に立てることがありましたら、お知らせください」と述べている。

　では、STEP 2 に出てきた表現を使った言い方を示す。

・*As a solution*, I would like to propose that you exchange the product you bought for a new one.
（解決策として、お買い上げいただいた商品を新品とお取り換えいたします）

・I'*ve just shipped* the merchandise you ordered this morning.
（本日午前中にご注文いただいた商品を、ただいま発送しました）

STEP 3 ▶ 商品やサービスの利用を感謝する

　Thank you for using...（……をご利用いただき、ありがとうございます）は、とても簡潔でありながら、感じのいい感謝の表現。あっさりしすぎていると感じるかもしれないが、飾ったり大仰にしたりする必要はない。

　冒頭の状況把握と感謝の部分をシンプルに書いているのには、実は理由がある。あえて簡潔にすることで、「これは大した問題ではない。すぐに解決できたのだから、顧客も悩むことはない」というメッセージを送っている。

　グルーポンをはじめとするインターネット上のバーゲンサイトは新しいサービスなので、その商習慣はまだあまり知られていないし、中には疑わしいイメージを持っている消費者もいる。そのため、顧客が問題に直面したのは初めてである可能性が高いし、クレームを書いている時は「対応してもらえないのではないか」「払ったお金は返ってこないかも」といった疑問と不安を抱えていた可能性が高い。

　こうした背景にも配慮して、簡潔で率直な返事を書くことで、「グルーポ

ン関連で問題が起きても、気楽にカスタマーサービスに連絡できるし、対応も悪くない」とわかってもらうことができる。

さて、このメールの署名の部分に注目してほしい。名字はフルに書いておらず、頭文字のBだけが書かれている。これは実は、カスタマーサービス担当者のプライバシーを守るために、多くの企業が導入している習慣だ。あるいは名字を書かず、名前だけで署名することもある。

最近はフルネームがわかれば、検索エンジンでその人名を突きとめることが可能なので、特にグルーポンのように幅広い顧客層を対象とする消費者向けビジネスを展開する企業は、このようにして社員のプライバシーを守っているのだ。

Additional Useful Expressions （ほかの覚えておきたい表現）

そのほか、Writing Example 1 の Email Message（顧客からのEメール）から、覚えておきたい英語表現を紹介する。

...and they are at times that are not *convenient* for me.
それ（物、時間など）が「使いやすい、都合のよい（具合が悪い、都合がよくない）」と伝えたい時は、convenient（not convenient）を使って表現するといい。

If it is *convenient* for you, could you come and see us next Monday?
（ご都合がよければ、来週の月曜日にお越しいただけますか？

convenient は、次のようにも使われる。

Our office is in a *convenient* location.
（当社の事務所は便利な場所にあります）

コラム2　Rochelle's Eye 2

カスタマーサービスのこれから
鍵を握るのは通信環境の変化と高齢化

　コールセンター向け通信システム市場第1位のシェアを誇るアバイヤ社は、2011年、顧客のコールセンターの利用状況についての調査結果を発表した。同社研究機関アバイヤ研究所は、「今日、顧客の対応手段は、企業によりまちまちで、一概には言えない」と結論づけた。

　この調査によると、現在、世界の顧客の7割がコールセンターへのアクセスに電話などの音声チャネルを利用しているが、これが2年後には5割程度まで落ちると予測される。調査時点では、ウェブチャットでサポートを得た顧客は2％しかいないが、間もなく20％近くに増加する見込みだという。

　会話からチャットにカスタマーサービスの形態が移行しつつあるのは、2つの理由が考えられる。まず、ソーシャルメディア上において、チャットや携帯メールが普及したこと。次に、iPhoneなどのスマートフォンでも、キーボードを使うことで、簡単に交信できるようになったことである。

　すでに銀行やケーブルテレビのプロバイダー、保険会社までが、サポートセンターに直接アクセス可能なアプリケーション・ソフトウェア（appsと呼ばれている）を顧客に提供している。

　また、アバイヤは、コールセンターの需要が急増する分野として、医療サービスを挙げている。ベビーブーマー世代が高齢化したことで、コンピュータやスマートフォンや高画質テレビのサポートから、高齢者向けの医療保険やマネー管理サービスまで、カスタマーサービスが担うことが多くなると見ているのだ。

　従来のカスタマーサービスは主にトラブル処理を目的として、各顧客にそれぞれ対応するものだった。しかし、最近、企業のカスタマーサポート部門は、顧客同士でソーシャルメディア上でつながってもらい、情報や体験を相互に交換してもらうシステムを構築しようとしている。こうした動きは、さらに今後盛んになると思われる。たとえば、アップル、ナイキ（Nike）、ホンダ、ソニー、スズキなど各企業は、公式FacebookページやTwitterアカウント上で、顧客のコメントやフィードバックを募っている。こうして集めた顧客の声を、トラブルの予防やサービス改善につなげようというのだ。

Writing Example 2

Email Message (顧客からのEメール)
キーコードを忘れてしまった

Dear Advantage Software,

It's time to update my anti-virus software that I purchased from your company. However, when I try to do the update, the software asks me for my key code[1]. I bought the software a very long time ago, and I seem to have lost the key code. Can you help me?

Susan Sweet

アドバンテージ・ソフトウェア様

　御社から購入したウイルス対策ソフトを、更新する時期になりました。ところが更新しようとしたら、キーコードを尋ねられました。ずいぶん前に買ったので、キーコードを忘れてしまったようです。助けてもらえますか？

スーザン・スウィート

Response（返答）
対応手順を説明する

Dear Ms. Sweet,

Thank you for letting me know about your difficulty updating your software. It sometimes happens that people misplace[2] their key code, so we do have[3] a procedure[4] for this situation. At the time of purchase, you were asked a security question.[5] I have here in my records that the question was "What high school did you attend?" Please write me back with the correct answer to that question, and I will then send you your key code. Thank you for using Advantage Software and I look forward to hearing from you soon.

Karl Knight
Customer Service

スウィート様

　ソフトウェア更新の問題についてお知らせいただき、ありがとうございます。キーコードを紛失されるお客様は時々いらっしゃいますので、こちらに対応手順をご用意しております。ご購入時に、お客様にはセキュリティ質問にご回答いただきました。こちらの記録によりますと、お客様のご質問は、「通っていた高校の名前は？」です。これに対する正しい答えを記してお送りいただければ、キーコードをお送りいたします。アドバンテージ・ソフトウェアをご利用いただき、ありがとうございます。ご連絡をお待ちしております。

カスタマーサービス
カール・ナイト

▶ ▶ ▶ ▶ ▶ ▶

> 注
> 1) key code キーコード、暗証番号、暗号　2) misplace　置き忘れる、置き違える、なくす　3) do have　do は have を強調している。　4) procedure　手続き、処置　5) security question　セキュリティ保護質問、秘密の質問。パスワード等を忘れた時に、本人であることを確認するために、利用登録時に設定しておく質問。

▶ ライティングで返答する際の注意事項 2
(Tips for effective written responses 2)

STEP 1 ▶ 状況が把握できたことを示す

　Thank you for letting me know about your difficulty...（お客様の問題をお知らせいただき、ありがとうございます）はとても効率的な書き出しで、連絡してくれたことに対する感謝を示せるだけでなく、相手の問題の確認をすることもできる。It sometimes happens that... は、「こういうことは時々あるから」と認める表現で、「だからあなたが悪いわけではないですよ」という含みがある。同時に「特別変わったことではないので、心配しなくていい」というカスタマーサポートとしての姿勢も伝えられる。

STEP 2 ▶ 対策を提案する

　ここでは、procedure（決まった対処法）を対策として伝えている。カスタマーサービスが、会社の procedure や policy（方針）を引用するのは、とても効果的だ。自分は個人の判断で自己流に動いているわけではなく、組織構造の枠の中で信頼できる対処法を遂行していると強調できる。

　この対策は、顧客にやってもらわなければならないことを含んでいる。それをお願いするために、please がていねい語として使用されている。そして最後に、I look forward to hearing from you soon.（ご連絡をお待ちしております）といって、返事を待っていることを繰り返している。soon は「すぐに返事をしてほしい」ことをソフトに伝える。

　I am looking forward to hearing from you. とも言える。

　以下、用例を挙げる。

- We *look forward to* your next visit.
  （次回のご来店を楽しみにしております）

- We appreciate your patronage and *look forward to serving you* again.
  （いつもご愛顧いただき、誠にありがとうございます。お客様の次回のご利用をお待ちしております）

STEP 3 ▶ 商品やサービスの利用を感謝する

ここでも Thank you for using... を使って、商品を利用してくれたことへの感謝を簡潔に述べている。

以下、Thank you for using... の用例を紹介する。

- *Thank you for using* our rental car.
  （弊社のレンタカーをご利用いただき、ありがとうございます）

- *Thank you for using* the All Southeast Airlines electronic ticket service.
  （オール・サウスイースト航空の電子チケットサービスをご利用いただき、ありがとうございます）

■ Additional Useful Expressions （ほかの覚えておきたい表現）

そのほか、Writing Example 2 の Email Message（顧客からの E メール）から、覚えておきたい英語表現を紹介する。

It's time to *update* my anti-virus software that I purchased from your company.
　update は、このように software などを「更新する」の意味でも使われるが、「（人）に最新情報を与える」という意味でも用いられるので、注意しよう。

Before we begin, I'll *update* you on our current situation.
　（始める前に、現状について最新情報をご報告します）

（右側縦書き：1 お詫びが必要でない場合）

コラム3　Rochelle's Eye 3

理想的なカスタマーサービス人員に求められる3つの能力

カスタマーサービスを行なうスタッフは、次の3つのスキルを磨く必要がある。

1「顧客1人ひとりに適した対応をする」、2「新製品などの情報を意欲的に学習する」、そしてもっとも重要なこととして、3「決断力をもって迅速に顧客の問題解決にあたる」ことだ。

コールセンターに電話をかける顧客は、何かしら不満をかかえている。中には対立的な態度を示す人もいる。しかし、相手の態度や問題の性質にかかわらず、優れたカスタマーケアに求められるのは、1「顧客の身になって対応する」ことだ。顧客にとって問題は重大で、差し迫っている。カスタマーサポート・スタッフは、相手の身になって考えることが求められる。顧客には自分の問題が尊重されていると感じてもらわなければならない。たとえば「買ったばかりのiPadに、突然強制終了する欠陥があったら、どんなに困るだろう」、あるいは「ケーブルテレビの請求書に不当な課金を見つけたら、きっと憤慨するだろう」と想像すれば、相手の気持ちを理解することができる。優れたオペレーターは即座に相手の身になって考え、解決策を探す方向に会話を進めることができる。

企業は、急速な変化を余儀なくされることがある。新型製品のリソース、経営改革、全社的な方向転換など、変化が起こると、その影響は間違いなくカスタマーサービス部門におよぶ。したがって、カスタマーサポート・スタッフは、時代と企業の変化を常に意識して、状況に応じて柔軟に対応しなければならない。そのためには、2「自ら学習する必要」がある。優れたオペレーターは、研修や講習に自主的に参加し、知識を積極的に身につけて、正しく役立つ情報を顧客に提供しようとする。

もう1つ、カスタマーサービスに求められるのは、3「スピード」だ。現代人は、YouTubeの動画を楽しんだり、スマートフォンでさっと銀行振込をしたり、ツイッターで短くつぶやいたり、その場でしたいことをして欲求を満たすことに慣れている。今対応中の顧客も、その例外ではない。決断力のあるオペレーターが問題をすばやく解決すれば、顧客は時間を無駄にされなかったことに満足し、自分が尊重されたと感じるだろう。

Chapter 2

すぐに返答できない場合

When you can't answer right away

顧客からのクレームは、その場で明確に回答できるものばかりではない。返答するまでに、調査する、状況を確認する、会社の方針に照合するといった作業が必要になることもある。しかし、顧客の側は迅速な対応を期待している。したがって、もし時間がかかるのであれば、その理由をきちんと説明しなければならない。また、顧客を決して憤慨させることなく、十分ていねいに応対しなければならない。

本 Chapter 2 では、そのような時の対応のしかたを紹介する。これは次の4つのステップを踏む必要があるだろう。

STEP 1　相手の状況が把握できたことを示す
STEP 2　こちらの状況を説明する
STEP 3　後ほど改めて返答すると伝える
STEP 4　商品やサービスの利用への感謝を述べる

STEP 1　相手の状況が把握できたことを示す

最初のステップとして、相手が訴えている状況を十分に理解していると示さなければならない。状況を正しく把握していなければ、適切な対応はできない。これがクレーム対応の基本だ。顧客の説明をよく聞いていれば、相手が言いたいことは理解できるはずだが、この「はず」という思い込みが危険だ。誤解の上に話が進んでしまうのは避けなければならないので、問題を1つひとつ吟味しよう。

STEP 2　こちらの状況を説明する

次に、こちらの状況を説明する。このステップで使える表現としては、**The current situation is...**（現在の状況は……）や、**What's happening right now is that...**（今どういうことが起きているかといいますと……）などが挙げられる。

STEP 3　後ほど改めて返答することを伝える

顧客は今すぐ返事をもらうことを期待しているので、なぜそれができない

のかを、まずはできる限りていねいに説明する。その時点でわからないことについては **I'm not sure**（100％自信がない）、**I don't know**（知らない）、**I don't have the information here**（いま手元にはその情報がない）と正直に述べても失礼にあたらないし、恥ずかしく思う必要もない。日本はカスタマーサービスの水準がおそらく世界一高く、顧客の担当者に対する要求も厳しい。しかし、たとえばアメリカにおいて、カスタマーサービスの担当者個人に完璧な知識を期待する顧客はほとんどいない。それよりも言葉を濁さない率直な対応や、前向きに対処しようとする姿勢が評価される。

　つづいて、何を調べなければならないのか、具体的に述べる。この段階では、**I need to...**（……をする必要がある）、**I'm going to...**（これから……をする）や **I'll have to...**（……をしなければならない）などの表現が使える。

　可能であれば、調べるのにどれくらい時間がかかるか、いつ返事ができるか、誠意を持って伝える。このように対応における締め切りを設定し、約束して、確実に守るようにするのがよい。「いつまでに」と期限を示す言葉には、**within...**（……以内に）、**by...**（……までに）、あるいは **no later than...**（遅くとも……までに）などがある。具体的な期限がわかれば、顧客も安心できる。

STEP 4 ▶ 商品やサービスの利用への感謝を述べる

　最後のステップでは、商品やサービスの利用に対し、感謝を述べる。同時に、再度、「問題解決のために努力します」という気持ちを伝えるとなおよい。そのために使える表現として、**I want to do my best to make sure that you are satisfied.**（お客様にご満足いただけますよう、最善を尽くします）、**I will be working hard on this.**（この件について、善処いたします）、**I am giving this my full attention.**（この件に最大限注力いたします）などがある。

　また、こうした場合、日本語であれば「お待たせして申し訳ございません」と言うところだが、英語では「待ってもらっていることに感謝する」と言うのが普通だ。**Thank you for your patience.**（ご寛恕いただき、感謝申し上げます）や、**I appreciate your waiting while we investigate this matter.**（この調査のあいだ、ご辛抱いただき、ありがとうございます）といった言い方がある。

2　すぐに返答できない場合

この章で紹介する例は、顧客のクレームの裏にある原因が、こちらの落ち度によるものかどうかわからないケースばかりだ。したがって、謝罪の言葉がないことにお気づきになると思う。原因がはっきりわからない時点では、むやみに謝らないほうがよいのである。

スピーキングによる対応2

　ここでは、スピーキングで、STEP 1「相手の状況が把握できたことを示す」→ STEP 2「こちらの状況を説明する」→ STEP 3「後ほど改めて返答することを伝える」→ STEP 4「商品やサービスの利用への感謝を述べる」の順で対応する方法を、実際のビジネス現場における用例を見ながら、確認しよう。

▶ Speaking Example 1

Voice Message（顧客からの音声メッセージ）
レッカー車の到着が遅れている！

TRACK 10

I called an hour ago for roadside assistance,[1] but the tow truck hasn't arrived yet. I'm getting really impatient,[2] how much longer am I going to have to wait? This is Steven Smith, and I'm in my car here at the intersection of Hollywood and Vine,[3] it's a red convertible.

　1時間前に電話して、緊急路上支援サービスを頼んだのですが、まだレッカー車が来ません。もう待ちくたびれています。あとどれくらいかかるんですか？　ス

ティーブン・スミス、ハリウッド通りとヴァインストリートの交差点の車の中にいます。赤のコンバーティブルです。

Response（返答）

原因を調べて、対処すると伝える

Thanks so much for checking in with us Mr. Smith. My records show that a tow truck was assigned[4] when you first called at 2:15 pm, and indeed a little over an hour has passed since then, so the tow truck should have arrived by now. Let me contact the tow truck and find out its location and estimated time of arrival[5] to where you are. I will call you back within ten minutes at the most with that information. Thank you for your patience and we appreciate your business.

　スミス様、ご連絡いただき、誠にありがとうございます。こちらの記録によりますと、最初にお電話いただいた午後2時15分に、すでにレッカー車は手配済みです。おっしゃるように、それから1時間ちょっと経っていますので、そちらに到着しているはずです。レッカー車に連絡を取り、今どこにいて、何時にそちらに到着できるか、確認します。遅くとも10分以内に、お電話でお知らせします。今しばらくお待ちいただきたく存じます。ご利用ありがとうございます。

注
1) roadside assistance　ロードサイド・アシスタンス、車の故障などの緊急時に、路上に駆けつけて支援するサービス　2) impatient　いらいらする、耐えられない
3) Hollywood and Vine　ハリウッド通りとヴァイン通りの交差する地点（Street や Avenue を省略し、通りを名前だけで呼ぶことがよくある）　4) assigned　仕事を割り当てられた　5) estimated time of arrival　到着予定時刻

2　すぐに返答できない場合

▶スピーキングで返答する際の注意事項 1
(Tips for effective spoken responses 1)

STEP 1 ▶ 相手の状況が把握できたことを示す

まず、連絡をもらったことに対し、Thanks so much...（誠にありがとうございます）と口語で感謝している。続いて使われている checking in with... は、「進行中のことがどうなっているか、チェックを入れる（ために連絡する）」という意味合いを持つ。こうした言い方をすることで、未到着のレッカー車に連絡を入れるのは特に珍しいことではないと、さりげなくほのめかしている。

顧客はレッカー車が来ないことに憤慨しているが、それに大げさに反応したり、下手に謝ったりすると、事を荒立ててしまうおそれもある。

状況がかなりはっきりしているので、相手の状況を理解したとわざわざ示すまでもないだろう。したがって、このステップは省略されている。あえて入れるとすれば、I understand that you are getting frustrated waiting for your tow truck to arrive.（お待ちのレッカー車が来ないので、気をもんでいらっしゃるのですね）といったことを言えばよい。

相手の言葉を繰り返すなどして、その感情を理解したと伝えることは、英語圏ではカスタマーサービスのみならず、一般の会話でもよく使われるコミュニケーションの技法だ。相手の話をよく聞いて尊重もしていると認識してもらえるので、興奮している、あるいは憤っている人に冷静になってもらう時には効果的だ。

check in with...（……に問い合わせる）という言い方は便利だ。ぜひ覚えておこう。

Please *check in with* the person in charge.
（先方の担当者に問い合わせてみてくれ）

STEP 2 ▶ こちら側の状況を説明する

最初の連絡がいつ来たか、それを受けていつレッカー車の手配をしたかを述べている。そのように手元の記録を調べた上で、現時点でわかってい

る状況を説明している。そしてすでに1時間以上が経過しているので、レッカー車は着いているはずであると認めている。

...so the tow truck should have arrived by now の by now（今ごろ）の使い方も覚えておきたい。

The company should have contacted us *by now*.
（先方は連絡してきてもいいころだ）

STEP 3 ▶ 後ほど改めて返答することを伝える

レッカー車の現在位置と、予想到着時間を調べる必要があることを伝えている。それにあたり、Let me...（……させてください／……をいたしましょう）という言い方をしているが、このほうが I will...（……をします）と言うより、ずっとていねいな言い方になる。

続いて、大体何分後にまた連絡できるかを伝えている。この場合 within ten minutes at the most（遅くとも10分以内に）と約束している。

at the most は「最高でもこれくらい」という意味で使われる。

・*At the most* I'm willing to spend $800 on a weekend vacation.
（週末の旅行に使うとしたら、予算は800ドルが上限だ）

・The seminar can have 50 students *at the most*.
（そのセミナーは最高50人まで受講できる）

STEP 4 ▶ 商品やサービスの利用への感謝を述べる

顧客が待ってくれていることに対して、Thank you for your patience（ご辛抱いただき、ありがとうございます）と感謝している。「いましばらくお待ちいただきたく、よろしくお願いいたします」という日本語と同等の表現だ。そして、we appreciate your business（ご利用ありがとうございます）とサービスの利用を感謝して、返答を締めくくっている。

Additional Useful Expressions （ほかの覚えておきたい表現）

　そのほか、Speaking Example 1 の Voice Message（顧客からの音声メッセージ）から、覚えておきたい英語表現を紹介する。

I'm getting really impatient, how much longer am I going to have to wait?
　be getting... は、便利な言い方で、日常的によく使われる。

・The situation is getting worse. We must solve the problem soon.
　（状況は悪くなっている。早く問題を解決しないと）

・I'm getting hungry. Let's stop at a restaurant and have a bite to eat.
　（腹減ったな。どこかレストランに寄って、何か食べようぜ）

コラム4　アメリカ企業のカスタマーサポート①

Apple
コンピュータ業界の常識を覆した
アップル社のカスタマーサービス戦略

　Mac, iPhone, iPad と、コミュニケーションとコンピューティングのあり方を変革するような製品を開発し、急成長をつづけるアップル社（Apple）。その成功はブランドや商品そのものの魅力によることは言うまでもないが、それを人々に効果的に伝え、売り上げにつなげているのは、直営店アップルストアの功績にほかならない。

　2012年6月現在、アップルストアは13カ国に363の店舗を持つ（日本は6都市に7店）。2012年の Asymco 社（携帯電話市場の調査分析サイトを管理・運営）の調査によると、アメリカ246店の売り場面積あたりの売上高は、国内小売業において圧倒的な首位を誇る。1平方フィートあたり6,000ドル以上と、2位のティファニーの倍以上だ。ショッピングモールの平均値は350ドル程度であり、これ

に比較すれば、アップルストアの売り上げは驚異的である。

　アップルストアを構想・実現したのは、1997年に同社のCEOに返り咲いたスティーブ・ジョブズ（Steve Jobs, 1955-2011）だ。ジョブズは、せっかくいい商品を売り出しても、大型販売店でのプレゼンテーションや店員の対応がよくないせいで、売り上げが伸びないことに気づいた。これを改善するために、大型店内にアップルコーナーを設けて、専任販売員をおくストア・イン・ストアを実行したが、それでも不十分だった。

　2001年5月、こうしてジョブズとアップル社はアップルストア1号店をオープンさせた。当初、ビジネス界では失敗すると予測されていたようだが、アップルストアの顧客を離さないていねいなカスタマーサービス戦略を、今や多くの企業が手本にしている。

　アップルストアの販売員は、セールスパーソンではなく、（商品を熟知している）「スペシャリスト」と呼ばれる。入社すると、「売るのではない。顧客のニーズを理解して、それを満たすお手伝いをするのだ」という教育を受ける。アメリカの携帯電話・コンピュータ小売販売は歩合給が主流だが、アップルストアはそのかぎりでない。「いちばん高い商品ではなく、顧客に合った商品を売る」という目的にそれが反すると考えているからだ。また、歩合給は販売員間の競争をあおり、店内の調和を乱すとも見ている。

　顧客を得意客に変える戦略として、忘れてはいけないのがアップルストア内のジーニアスバー（Genius Bar）だ。コンピュータやスマートフォンの使い方がわからない時や、問題が発生した時、多くの人は、誰に聞いたらいいのか、どこに持っていったらいいのか、よくわからない。しかし、アップルストアでは、店内にいつでも気軽に相談にいけるカウンター、ジーニアスバーが設けてあり、ジーニアスと呼ばれる技術スタッフが、その場で顧客それぞれの問題を解決してくれる。

　注目したいのは、ジーニアスバーの利用満足度が、非常に高いことだ。顧客からは、「待たされなかった」「顧客を大切にしていることが伝わってきた」「率直に対応してくれた」という感想が多く寄せられている。

　さらに最近では「壊れたiPhoneを無料で取り替えてくれた」「古いMacBookホワイトが壊れたので持っていったら、もう製造されていないからと、新しいMacBookプロに取り替えて、1年保証もつけてくれた」など、ジーニアスバーの「太っ腹」ぶりも、よく聞かれるようになった。これも、アップル製品を顧客に使い続けてもらうための戦略なのだろう。

▶ Speaking Example 2

Voice Message （顧客からの音声メッセージ）
メールが送信できない

This is a message for the technical support person in charge of the email account hosting for Radial Supplies. This is Rena Smith, in the Production Department. All of a sudden, I'm not able to send email from my email account. I can't figure out[1] why this is happening. Can you please help me?

> ラディアル・サプライズのEメールアカウントのホスティングを担当するテクニカルサポートの方に、お伝えします。生産部門のレナ・スミスと申します。自分のEメールアカウントから、突然メールが送信できなくなってしまいました。なぜこのようなことが起きているのか、わたしにはわかりません。なんとかしてもらえますか？

Response （返答）
原因を調べ、対処すると伝える

Hello Rena, thanks so much for your message. I understand that you are having difficulty with sending email. Actually,[2] right now we are experiencing a hacker attack[3] on one of our servers, which is delaying outgoing mail from many of our clients' accounts. Please allow me to check whether that server is the one that your email account is on. I'll get back to you as soon as possible once I have more information. We value[4] our customers and I want to get to the bottom of this for you.

もしもし、レナさん。ご連絡ありがとうございます。メールが送信できないとのことですね。実は現在、当社のサーバーの1つがハッカーの攻撃を受けておりまして、多くのお客様のメール送信が遅くなってしまっております。お客様のメールアカウントが、そのサーバーに属するかどうか、調査いたします。詳細がわかりましたら、ただちにご連絡さしあげます。大切なお客様のために、原因究明に努めます。

注
1) figure out　(理由や答えを)見つけ出す、考え出す　2) actually　実のところ
3) hacker attack　ハッカーの攻撃(ハッカーによるコンピュータシステムへの侵入)
4) value　尊重する、大切にする

▶ スピーキングで返答する際の注意事項2
（Tips for effective spoken responses 2）

STEP 1 ▶ 相手の状況が把握できたことを示す

　冒頭で、連絡をもらったことに感謝している。この thanks so much は、口語的な言い方である。I understand... と続けて、相手の状況を把握したことを示している。

STEP 2 ▶ こちらの状況を説明する

　次の説明を Actually（実は）と始めることで、「実はそのような状況が起きているのには理由がある」と示唆している。これに続けて、ハッカー攻撃を受けている状況を説明している。
　actually は、相手が知らないことを切り出す時に使える便利な表現だ。

・Sorry for not calling you lately. *Actually* I've had an emergency situation going on here.
（ここのところ、電話も入れず、すみませんでした。実は、こちらが非常事態になったもので）

・I would have loved to try your curry, but *actually*, I've just eaten.
（あなたのカレー、ぜひ食べてみたかったですね。でも実はいま食事してきたところなんです）

STEP 3 後ほど改めて返答することを伝える

　この例では STEP 3 を Please allow me... で始めているが、これは Speaking Example 1 の Let me...（31 ページ）と同様、「……させてください／……させていただきます」と相手に配慮した言い方だ。顧客のアカウントが問題を起こしたサーバーに属するものであるかどうか、チェックする必要があると説明している。そして as soon as possible once I have more information（情報を入手次第、できるだけ早く）と、次の連絡を約束している。これは要するに、新情報が入るまで連絡しないという意味でもある。

　ここでの once... は「……が起こった後／……したら」という意味である。

・*Once* I finish the project, I'm going to take a vacation.
（プロジェクトを終えたら、休暇をとるつもりだ）

・We can make a detailed plan *once* we know the budget.
（予算がわかれば、詳しく計画が立てられる）

STEP 4 商品やサービスの利用への感謝を述べる

　この例文の we value our customers（お客様を大事に思っています）は、直接的な感謝の言葉ではないが、顧客に感謝の意を伝える表現として、頻繁に使われる。企業からのお知らせやダイレクトメールの宛先が、Dear valued customers（大切なお客様）となっているのを見たことがある読者もいるだろう。

　これに続けて I want to get to the bottom of this for you.（この問題の真相を突き止めたい）と述べ、「大切なお客様のために、ぜひとも問題を解決したい」という気持ちを伝えている。

　get to the bottom of... は、「……の根本的な原因を見つける／……の真相に迫る」という意味の慣用句だ。

・The detective is trying to *get to the bottom of* the mystery.
（探偵は謎を解決しようとしている）

・We must take initiative and *get to the bottom of* what happened.
（われわれが率先して、何が起きたかを突き止めなければならない）

▣ Additional Useful Expressions （ほかの覚えておきたい表現）

そのほか、Speaking Example 2 の Voice Message（顧客からの音声メッセージ）から、覚えておきたい英語表現を紹介する。

I can't *figure out* why this is happening.
この場合、figure out は「理解する」の意味で使われている。ほかに「(問題を) 解決する、(解決策などを) 考え出す」の意味でも用いられる。

In order to achieve a V-shaped recovery, we must *figure out* what to do next.
（V 字回復を実現するために、次に何をすべきか、答えを出さないといけない）

ライティングによる対応 2

ここでは、ライティングで、STEP 1「相手の状況が把握できたことを示す」→ STEP 2「こちらの状況を説明する」→ STEP 3「後ほど改めて返答することを伝える」→ STEP 4「商品やサービスの利用への感謝を述べる」の順で対応する方法を、実際のビジネス現場における用例を見ながら、確認しよう。

Writing Example 1

Email Message （顧客からのEメール）
延長保証期間を確認してほしい

Dear Magnum Electronics,

I purchased a product from you a little over a year ago, with a special extended warranty[1] of two years length. However, when I went into your store today, I was told that all warranties offered by your company are only for one year in length. I tried to explain to the sales staff that I purchased the special warranty but none of them were working there two years ago and they said they had not heard about it. So I'm writing to you hoping that you can help. I purchased the product in June of 2011.

Jane Goodwin

マグナム・エレクトロニクス様

　1年以上前、2年間の特別延長保証付きで御社の製品を購入しました。しかし、本日そちらの店舗にうかがったところ、御社の製品の保証期間はどの製品も1年間だと言われました。販売員に特別保証付きで購入したことを説明したのですが、2年前にそこで働いていた方はすでにおらず、聞いたことがない、とのことでした。そこでお力添えいただけないかと思い、メールをお送りしております。購入したのは2011年6月です。

ジェーン・グッドウィン

2　すぐに返答できない場合

Response（返答）
事実確認をすると伝える

Dear Ms. Goodwin,

Thank you for contacting me about this. I understand that you believe that you purchased a two year warranty. To be honest, I myself have not heard of our store offering[2] two year warranties. To make absolutely sure[3] about this, I would like to do some checking. Please allow me to get back to you after I have done that. It's helpful that you provided the date of your product purchase. I will focus on[4] reviewing[5] the store's policies and promotions from that time period. Thank you for being a Magnum Electronics customer, and you will be hearing back from me shortly.[6]

Richard Jackson
Customer Service

▶ ▶ ▷ ▷ ▷ ▷

> グッドウィン様
> ご連絡ありがとうございます。2年間保証で御購入されたとのことですが、正直に申し上げますと、弊社直営店で2年間保証で販売するようなことは、私も聞いたことがありません。しかし、実際にそういうことがあったのか、間違いなく確認いたしますので、しばらくお時間をいただきたく存じます。ご親切に御購入日をすでにお知らせいただいておりますので、その時期にとられていた店の販売促進活動や方針を重点的に調査いたします。マグナム・エレクトロニクスをご愛顧いただき、ありがとうございます。またこちらからすぐにご連絡いたします。
> カスタマーサービス
> リチャード・ジャクソン

注
1) a special extended warranty 特別延長保証 2) offer 提供する、売り出す
3) to make absolutely sure to make sure は「念のため」、absolutely は「確実に、間違いなく」 4) focus on 重点的に取り組む、集中する 5) review 調べる 6) you will be hearing back from me shortly 直訳すれば「私からすぐに連絡がいくでしょう」。「すぐに連絡します」を言い換えた表現。

▶ ライティングで返答する際の注意事項 1
(Tips for effective written responses 1)

STEP 1 ▶ 相手の状況が把握できたことを示す

　連絡をもらったことへの感謝につづけて、I understand that... (……を理解しました)と、状況を把握していることを伝えている。この I understand that you believe that you purchased a two year warranty. の you believe に注目してほしい。直訳すれば、「2年間保証で購入したと、お客様が信じていることはわかりました」。つまり、あくまでも相手の言い分を理解したことを述べているだけである。相手が自分の思い違いや思い込みからクレームをつけてきたと思われる場合は、このような言い方ができる。

STEP 2 ▶ こちらの状況を説明する

　To be honest ではじまる文で、顧客が主張しているような保証は、自分も聞いたことがない、と打ち明けている。しかし、だからといって即座に相手を否定するのではなく、次のステップで「念のため調べる」と約束している。

　to be honest は、「正直に言うと／はっきり言って」。

・*To be honest*, this is the first I have heard of anything like that.
（正直に言うと、そんなことを聞いたのはこれが初めてです）

・I don't recommend using the cleaner with our product, *to be honest*.
（正直なところ、そのクリーナーを当社製品に使用することはお勧めしません）

STEP 3 ▶ 後ほど改めて返答することを伝える

　I would like to do some checking（調べてみたいと思います）と、これから作業をすることを伝えている。

　some ...ing は「（いくらか、かなり）……をすること」。たとえば、次のように使える。

・I have *some studying* to do.
（勉強しなくてはいけない）

・It will take *some checking*.
（調べものをする必要がある）

・I want to do *some shopping*.
（ちょっと買い物がしたい）

　この例でも、ていねいな言い方である Please allow me...（……させてください／……いたします）が使われている。商品購入日の情報を使って、当時の店舗の方針を調べると約束し、「調査終了後」（after I have done that）に連絡すると述べている。

▶ ▶ ▷ ▷ ▷ ▷

STEP 4 ▷ 商品やサービスの利用への感謝を述べる

　Thank you for being a Magnum Electronics customer（マグナム・エレクトロニクスをご愛顧いただき、ありがとうございます）は、よく使われる感謝の表現だ。これを会社名なしで言うと、Thank you for being our customer となる。そして You will be hearing back from me shortly.（またこちらから、すぐにご連絡させていただきます）と締めくくっている。どれくらいの日数や時間がかかるかわからない場合は、shortly や soon など、「もうすぐ、近々」といった言葉を使うとよい。
　shortly と soon を使った用例を1つずつ紹介する。

・You should be hearing from them *shortly*.
（すぐに先方から連絡がいくと思います）

・You should be receiving it *soon*.
（すぐにお手元に届くと思われます）

■ Additional Useful Expressions （ほかの覚えておきたい表現）

　そのほか、Writing Example 1 の Email Message（顧客からの E メール）から、覚えておきたい英語表現も紹介する。

I'm writing to you hoping **that you can help.**
　I'm writing to you は便利な表現。状況によっては、日本語の「したためる」や「筆を執っている」という表現に近いかもしれない。

I'm writing to you in reference to your email of June 29.
（6月29日付のお手紙の返信として、本メールをお送りしております）

🔍 ▼ コラム5　アメリカ企業のカスタマーサポート②

Amazon
お客様のフィードバックによって、世界最高の顧客中心の会社を作る

In particular, one of the things that we have tried to do, especially under such intense competition, (...) is to stay focused on our customer. We know that if we can keep our competitors focused on us, while we stay focused on the customer, that ultimately we'll turn out all right. (...)（1つには、特にこういう激しい競争下にありましたから（……）、お客様のことを常に考えようとしたのです。ライバル社の注意を私たちに集中させておく一方で、私たちがお客様に照準を合わせていれば、最終的にはいい結果が出るとわかっていました。（……））

　Amazon.com の CEO ジェフ・ベゾス（Jeff Bezos, 1964- ）は、同社創業の3年後に行なった演説で、このように言っている（上岡伸雄編著『名演説で学ぶアメリカの文化と社会』[研究社]から引用）。ベゾスのこの「顧客第一主義」の考え方は、世界最大のネット小売店アマゾンの精神そのものと言えるだろう。

　アマゾンはここ数年、電子書籍リーダー Kindle の開発・販売に力を入れている。この商品のカスタマーサポートも万全だ。サポートページに入り、Contact Us をクリックすると、How would you like to contact us? と記されたセクションがあって、そこから E-mail, Phone, あるいは Chat によるサポートを選べる。電話によるサポートの場合、自分の電話番号を入力しておけば、数分後にカスタマーセンターから電話がかかってくる。国内外問わず、電話代はすべてアマゾン持ちだ。

　ある知人は、Kindle がうまくネットに接続できず、その修理についてサポートを受けたところ、そのモデルが壊れていることがわかった。すると、対応したスタッフから "I've created a replacement order for you under the Service Fee Agreement for the amount of $53.98." との説明を受けて、189ドルの最新モデルを53ドル98セントで譲ってもらえることになった。そしてその新モデルは1週間以内にアメリカから届き、壊れた旧モデルの返送料も負担してもらえたとのこと。

　アマゾンのカスタマーサポートから送られてくるメールには、以下のキャッチフレーズが記されている。Your feedback is helping us build Earth's Most Customer-Centric Company.（お客様のフィードバックによって、わたしたちは世界最高の顧客中心の会社を作ることができます）

　アマゾンの「顧客第一主義」の企業精神は、創業時からずっと変わらない。

Writing Example 2

Email Message (納税者からのEメール)
書類を提出すべきか教えてほしい

Dear IRS,

I heard recently that U.S. citizens who have bank accounts in foreign countries need to file a new form with the IRS this year, Form 8938.[1] I was just reading the directions on the form, and it's rather confusing.[2] The bank account is actually the property[3] of a company that I own, so I personally am not actually the direct owner as an individual.[4] So I'm wondering if I still need to file Form 8938. Hoping that you can help me with this.

James Jones

国税庁御中

海外に銀行口座を持つアメリカ国市民は、今年、新しい書類フォーム8938を国税庁に提出する必要があると先日聞きました。そこでフォーム8938の記入指示を読んでみたのですが、正直よくわかりません。銀行口座は私が所有する会社のもので、私の個人名義ではありません。この場合も、フォーム8938を提出する必要があるのでしょうか。ご教示いただけますと、ありがたいです。

ジェイムズ・ジョーンズ

Response（返答）
調べて連絡すると伝える

Dear Mr. Jones,

Thank you for your desire[5] to file your IRS forms properly. I know it's important to have your question answered, and I'm going to do my best to get you an answer. Because this is a new form issued this year, there are still some unclear areas about how it is being implemented,[6] and it seems that you have discovered one of them. I'm not sure of the answer to your question right now, I need to do some research. It will probably take me at least 24 hours to get the correct information. When I find out, I will get back to you. So please expect to hear from me soon, and in the meantime[7] thank you for allowing me to assist you.

Gloria Sanchez
Internal Revenue Service

　ジョーンズ様

　国税庁の書類提出に関するご質問、ありがとうございます。重要なご質問に正しくご回答できますよう、最善を尽くします。このフォームは今年初めて導入されたもので、まだ実際の記入に関して明確でない部分もあり、ジョーンズ様のご質問も、それに該当するようです。調べてみないと、ご質問にお答えすることができません。正しい情報が得られるまで、最低でも24時間はかかると思います。判明いたしましたら、ご連絡いたします。今しばらくお待ちいただきますが、お役に立てるよう努力いたしますので、よろしくお願いいたします。

　国税庁
　グロリア・サンチェス

注
1) Form 8938　用紙の名前。米国政府関係の書類は、Form xx と番号で呼ばれるものが多数ある　2) rather confusing　rather は「かなり、やや」、confusing は「当惑させるような、紛らわしい」　3) property　所有物、資産　4) direct owner as an individual　個人としての直接の所有者　5) desire　希望、願い。例文は直訳すれば「国税庁の書類を正しく提出しようとしてくださり、ありがとうございます」　6) unclear areas about how it is being implemented　実行方法について明確でない部分　7) in the meantime　そのあいだ

▶ ライティングで返答する際の注意事項 2
(Tips for effective written responses 2)

STEP 1 ▶ 相手の状況が把握できたことを示す

　ここでは、相手が書類を正しく提出しようとしていることに感謝すると述べて、1文で状況把握と感謝の両方を伝えている。さらに、I know it's important to have your question answered（いただいたご質問に回答することの重要性を理解します）と言って、相手の気持ちに配慮している。

STEP 2 ▶ こちらの状況を説明する

　まず I'm going to do my best to get you an answer（回答を調べてお知らせできるよう、最善を尽くします）と、努力する姿を示している。同時に、この do my best to... という表現から、答えを見つけ出すのは容易ではないことがわかる。

　次に、状況のもう1つの側面として、「今年は新しいフォームが導入されたため、まだ不明確なところがあるようです」と説明し、I'm not sure of the answer to your question right now（ご質問への答えは、今ここではわかりません）と正直に言っている。このように、知らない時に「知らない」と率直に言うのは大切なことだ。知ったかぶりをすると、相手のいらだちと不信感をあおることにもなる。

　do one's best to... も、I'm not sure... も、ともによく使われる。

We are *not sure* what the outcome will be, but we promise you that we'll *do our best to* improve the situation.

（結果はどうなるかわかりませんが、状況改善に全力で取り組むことをお約束します）

STEP 3 ▶ 後ほど改めて返答することを伝える

I need to do some research（調べてみる必要があります）と、ある程度の作業をしなければならないこと、また、それに最低 24 時間かかることも伝えている。

この例文の場合は、probably（多分）と言ってから、さらに at least 24 hours（最低でも 24 時間）として、約束の時間枠に余裕を持たせている。

数字とあわせて「最低でも／最高で」を表わす表現には、ほかにもいくつかある。

- There were *at least* 200 people at the event.
  （イベントでは、少なくとも 200 人がいた）

- It could take *up to* 3 days.
  （長ければ 3 日かかるかもしれません）

- It won't cost *more than* 80 dollars.
  （80 ドル以上かかるということはありません）

- Please allow *a minimum of* 7 days to process your request.
  （ご依頼の手続きに、最短でも 7 日間かかりますのでご了承ください）

そして、When I find out, I will get back to you. So please expect to hear from me soon（わかりましたらお知らせします。すぐにご連絡差し上げますので、お待ちください）とていねいに述べることで、相手に安心感を与えている。

STEP 4 ▶ 商品やサービスの利用への感謝を述べる

in the meantime は「そのあいだ」、つまりこの場合は「自分が調べものをしている間」という意味だが、「そのあいだはご不便をおかけします」という意味合いも含まれている。

感謝の言葉については、この相手は納税者であり、顧客ではないので、サービスや商品の利用を感謝するような表現は使えない。そこで、thank you for allowing me to assist you と言っている。直訳すると、「あなたのお手伝いをさせていただき、ありがとうございます」となる。このきわめて礼儀正しい返答例にふさわしい締めくくりだ。

サービス業のお店の案内などに、次のように書いてあることもある。

Thank you for allowing us to serve you.
（ご用命いただき、ありがとうございます）

Additional Useful Expressions （ほかの覚えておきたい表現）

そのほか、Writing Example 2 の Email Message（納税者からの E メール）から、覚えておきたい英語表現を紹介する。

So I'm wondering if **I still need to file Form 8938.**
I'm wondering if... は、とまどいを示すときや、控え目に頼みごとをする際によく使われる。

- *I'm wondering if* you could spare some time for me to discuss this matter.
（お時間をいただき、この問題について議論できないかと思いまして）

- *I'm wondering* how I can possibly afford to send my child to a private school.
（子供を私立学校に行かせる費用を、どう捻出するか、悩んでいます）

Hoping that **you can help me with this.**
I am hoping that you can help me with this. の省略形。
I am hoping (that)... は、次のように使われる。

I am hoping you might introduce me to your department manager.
（恐縮ですが、部長をご紹介賜れますと、ありがたいです）

Chapter 3

こちらに非があるが、すぐに解決できない場合

When your side is at fault, but you can't solve the problem immediately

▶ ▶ ▶ ▷ ▷

顧客からの苦情の原因が、明らかにこちらのミスや手落ちによるものであるにもかかわらず、その場で解決できない場合は、どうすればいいか？

本 Chapter 3 では、そのためのステップを説明する。

基本的には、Chapter 2 で紹介した対応に、「お詫びを述べる」ステップを追加すればよい。

STEP 1 　相手の状況が把握できたことを示す
STEP 2 　お詫びを述べる
STEP 3 　こちらの状況を説明する
STEP 4 　後ほど改めて返答すると伝える
STEP 5 　商品やサービスの利用への感謝を述べる

STEP 1 ▶ 相手の状況が把握できたことを示す

ここでの最良の方法は、どんなことが起きた（起きている）のか、相手が伝える情報を要約して繰り返すことだ。もしもこちらの要約が間違っていれば、相手は「そうではない」と指摘するだろう。相手がかかえている問題を早い時点で確認するのは賢明だ。こうした言い換えを **paraphrasing** という。

Paraphrasing（言い換え）表現は、次のような言い方で始めると、効果的だ。

- To summarize what happened...（起こったことを要約すると……）
- In other words, you're saying that...（すなわち、あなたが言っていることは……）
- So you're telling me that...（そうすると、あなたが言おうとしていることは……）
- According to what you just said...（あなたが先ほど言ったことによると……）
- I see that...（……のようですね）
- I understand that...（私が理解しているのは……）
- So your situation is that...（そうすると、あなたの状況は……）
- It seems that what has happened is...（……が起こったようです）

なお、複雑な話を要約する時は、そして特に自分の理解に自信がない時は、相手に直接確認してもよい。その際には、以下のような表現を使うとよい。

- To summarize what happened... （起こったことを要約すると……）
- Is that right?（この理解で正しいですか？）
- Is my understanding correct?（こちらの理解は正確ですか？）
- Did I get that right?（私は正しく把握できていますか？）
- Am I missing anything?（何か見過ごしている点はありますか？）
- Please let me know if I don't have it right.（もし正しく把握していなかったら、教えてください）

STEP 2 ▶ お詫びを述べる

謝罪の表現でもっともよく使われるのが、**I am [we are] sorry**（すみません／ごめんなさい／申し訳ありません）だ。お詫びの気持ちを強調する場合 **so sorry／very sorry** と言うこともあるが、**so** は口語なので、正式な書面ではあまり使われない。E メールでの使用は場合によっては許されるが、顧客に対応するのであれば、**very** を使うのが無難だろう。

もう1つ、**I [we] apologize**（お詫びいたします／申し訳ありません）もよく使われる。強調したい時は、**I sincerely apologize**（心からお詫びいたします）と、**sincerely** を入れるとよい。

STEP 3 ▶ こちらの状況を説明する

相手が求める返答や対応がすぐにできない場合は、なぜそれができないのか、わかりやすくかつ説得力ある言い方で伝えて、納得してもらわなければならない。そのためには、まわりくどい言い方は避けて、率直に話したほうがよい。そうしないと、相手に何か隠していると受け取られてしまうことにもなる。

また、相手の気持ちを和らげるためには、自分が努力していることを伝えて、誠意を見せる必要がある。

STEP 4 ▶ 後ほど改めて返答すると伝える

次に返答するまでにどれくらい時間がかかるか、わかる範囲でいいので必ず伝えること。こちらが状況にきちんと対応していることを理解してもらえれば、信頼が得られる。

どれくらいの時間がかかるかわからない場合は、次のような表現を使って答

えればいい。

- as soon as（できるだけ早く）
- as soon can I can get ahold of the information（情報をつかみ次第）
- as soon as I have an answer for you（答えがわかり次第）

STEP 5 商品やサービスの利用への感謝を述べる

この Chapter 3 で紹介するケースのように、顧客に非がないのであれば、彼らは待たされることに不満を感じるはずだ。これを十分配慮して、辛抱強く返答を待ってもらうことに対して、感謝しなければならない。

スピーキングによる対応 3

ここでは、スピーキングで STEP 1「相手の状況が把握できたことを示す」→ STEP 2「お詫びを述べる」→ STEP 3「こちらの状況を説明する」→ STEP 4「後ほど改めて返答すると伝える」→ STEP 5「商品やサービスの利用への感謝を述べる」の順で対応する方法を、実際のビジネス現場における用例を見ながら、確認しよう。

▶ Speaking Example 1

Voice Message（顧客からの音声メッセージ）
注文品に不備がある！

Hello, this is Teresa Johnson at Lewis Law Firm. I ordered lunches from your catering company. They just arrived and I am setting them out,[1)] and the desserts are missing.[2)] The lunch starts in half an hour, so I need you to do something quickly!

　もしもし、ルイス法律事務所のテレサ・ジョンソンです。そちらのケータリング会社に、ランチを注文しました。さっき届きまして、テーブルの準備をしていますが、デザートが入っていません。あと30分で昼食が始まります。すぐに何とかしてもらわないといけません！

Response（返答）
謝罪し、これから対処すると伝える

Hello Teresa. I'm so sorry that your desserts were missing, and I sincerely apologize. Right away I will work on[3] finding out where they are. They might have been left in the delivery truck, or they could have been left at our kitchen. Let me look into[4] this, and I will call you back within 10 minutes with an estimate of when we will be able to get them to you. We appreciate your business and will do everything possible[5] to make this right.[6]

　テレサさん、こんにちは。デザートが入っていなかったとのこと、誠に申し訳ございません。心からお詫び申し上げます。どこにあるか、ただちに調査します。配達トラックのなかに置き忘れているかもしれませんし、弊社厨房に残されている可能性もあります。確認の上、いつごろ発送できるか、10分以内にお電話いたします。ご利用いただき、感謝しております。あらゆる手を尽くし、きちんとお届けできますようにいたします。

注
1) setting them out　出して並べる、（テーブルを）セッティングする　2) missing　見つからない、不足している、抜けている　3) work on　取りかかる　4) look into　調査する　5) do everything possible　できることはすべてする　6) make this right　直す、修正する、正しい状態にする

こちらに非があるが、すぐに解決できない場合

▶スピーキングで返答する際の注意事項 1
(Tips for effective spoken responses 1)

STEP 1 ▶ 相手の状況が把握できたことを示す
STEP 2 ▶ お詫びを述べる

　ここでは、I'm so sorry that your desserts were missing, and I sincerely apologize.（デザートが入っていなかったとのこと、誠に申し訳ございません。心からお詫び申し上げます）と、相手の状況を把握したことを示すのと同時に、謝罪の言葉を述べている。2つのことを、1つの文にまとめて述べているのだ。that your desserts were missing が、その状況把握の部分にあたる。

　I'm so sorry につづき I sincerely apologize と、2回陳謝している。

STEP 3 ▶ こちらの状況を説明する

　I will work on finding out where they are.（どこにあるか、これから調べます）で、今デザートがどこにあるのかわからないことを、暗に伝えている。work on... は「……するように努力する」、あるいは「……にとりかかる」という意味。もっと簡潔に、I will find out where they are.（どこにあるか、探し出します）と言ってもよい。しかし、この言い方には、「必ず見つかる」という含みがあるので、見つからない可能性がある場合は使わないほうがいい。つづいて they might と切り出し、デザートがあるかもしれない場所をいくつか挙げている。

STEP 4 ▶ 後ほど改めて返答すると伝える

　Let me...（……させてください）を使い、問題解決に積極的に取り組むことをていねいに伝えている。10分以内に相手に再度電話して、何分くらいで配達できるか伝えると約束している。

STEP 5 ▶ 商品やサービスの利用への感謝を述べる

　We appreciate your business（ご利用いただき感謝します）は、顧客への感謝を表わす決まり文句。どんな商売にも適当なので、ぜひ使いたい。

will do everything possible to make this right は、「自分たちの間違いを正すために、全力で努力すること」を意味している。do everything possible は直訳すれば、「可能なことのすべてをする」となる。何かのために「集中して手を尽くす」気持ちが表現できる。

・He is *doing everything possible* to make sure he passes the test.
（試験合格のために、やれることはすべてやろうとしている）

・We are *doing everything possible* to correct the situation.
（状況を正すために、できることはすべてやっている）

類似表現として、leave no stone unturned がある。直訳すると「全部の石をひっくり返して探す」だが、転じて「くまなく探す／あらゆる手段を尽くす」の意味で使われる。

She *left no stone unturned* in her search for a perfect mate.
（理想的な結婚相手を徹底的に探した）

■ Additional Useful Expressions （覚えておきたいほかの表現）

そのほか、Speaking Example 1 の Voice Message（顧客からの音声メッセージ）から、覚えておきたい表現を紹介する。

I ordered lunches from your *catering* company.
catering（仕出し業、ケータリングサービス）はよく使われる。

In addition to delivering lunches, Oya Food plans to start a *catering* service for business gatherings in the future.
（尾谷フードは、お弁当の出前だけでなく、今後はビジネスの集まりへのケータリングサービスにも進出する予定だ）

Speaking Example 2

Voice Message（顧客からの音声メッセージ）
クレジットカードに二重請求された

Hi, this is Sharon Swan. I just got my credit card bill, and it seems that I was charged twice for the meal that I had at your restaurant on January 22nd. I need you to please correct[1] this. The amount was $43.56, and as I said it appears[2] twice.

　もしもし、シャロン・スワンと申します。クレジットカードの請求書をもらったところ、1月22日にそちらのレストランでした食事の代金が、2回請求されていました。ご修正いただくようお願いします。料金は$43.56で、繰り返しますが、請求書に2度印刷されています。

Response（返答）
謝罪し、解決策を提示すると伝える

Hello Sharon. Thanks so much for alerting us to[3] this problem. We are very sorry that this happened. Before I can give you a refund, I need to confirm whether the error was on our part,[4] or was made by the credit card company. I'm going to do some checking, and then I will get back to you by the end of the day[5] with information about how this will be resolved. Thanks again for being a customer of our restaurant.

　シャロンさん、こんにちは。問題をお知らせいただき、誠にありがとうございます。こ

のような問題が発生してしまい、誠に申し訳ありません。払い戻しをする前に、この間違いが当店によるものなのか、それともクレジットカード会社によるものなのか、まず確認しなければなりません。調査の上、どのように解決するか、本日中にお知らせいたします。当店をご利用いただき、再度お礼を申しあげます。

注
1) correct　訂正する、正す　2) appear　見られる、現われる　3) alert us to...　……を注意する、警告する　4) on our part　私たちの、当方にある　5) by the end of the day　今日中に

▶スピーキングで返答する際の注意事項2
（Tips for effective spoken responses 2）

STEP 1 ▶ 相手の状況が把握できたことを示す

Thanks so much と、連絡をもらったことに対する感謝の言葉で始めている。状況が単純なので、ここでは状況確認を省略している。

STEP 2 ▶ お詫びを述べる

続いて、ただちに率直に謝っている。
We are very sorry that... は、ぜひ覚えておきたいお詫びの表現だ。

・*We are very sorry that* you experienced this difficulty.
（ご面倒をおかけし、大変申し訳ありません）

・*We are sorry that* this has been going on.
（このような状況が続いてしまい、申し訳ありません）

ここで、1つ気をつけてほしい。このケースでは、カスタマーサービス担当者は、顧客の主張を疑わず、「事実として」対応している。この顧客のクレームが真実に基づくものであるかどうかは、後でクレジットカード会社へ照会をした時にわかるからだ。

3　こちらに非があるが、すぐに解決できない場合

一方、もし顧客から苦情を寄せられ、その時点で言っていることが本当かどうか確認したいのであれば、次のように言えばいい。

Please allow me to confirm what you have told me by checking our records.
（こちらの記録を参照することで、お客様がおっしゃられた内容を確認いたします）

STEP 3 ▶ こちらの状況を説明する
こちらの事情として、間違いが誰によるものかがわからないので、調べる必要があると伝えている。

STEP 4 ▶ 後ほど改めて返答すると伝える
I'm going to do some checking, and then I will get back to you by the end of the day（ちょっと調べてみて、今日中にまたご連絡します）と、いつまでに連絡するかを伝えている。some checking は比較的くだけた言い方で、主に会話に使われる。

by the end of the day（今日の就業時間が終わるまでに）のほか、オフィスの時間帯を表わす表現には、次のようなものがある。

- by mid-day （昼までに）
- first thing tomorrow morning （明日の朝イチに）
- after lunch （ランチ後に／午後イチで）

STEP 5 ▶ 商品やサービスの利用への感謝を述べる
最後に Thanks... ではじまる文で、感謝の気持ちを示している。ここで again を入れているのは、レストランで食事をしてくれたことに対し、改めて感謝を伝えたいからだ。来店したときに一度感謝を述べたはずなので、このお礼が2度目となる。

▤ Additional Useful Expressions （覚えておきたいほかの表現）

そのほか、Speaking Example 2 の Voice Message（顧客からの音声メッセージ）から、覚えておきたい表現を紹介する。

Before I can give you a *refund*, I need to confirm whether the error was on our part, or was made by the credit card company.
refund は TOEIC テストの頻出語だ。次のように名詞としても使われる。

I am sorry but discount airline tickets are not eligible for *refunds*.
（申し訳ございませんが、格安航空券には払い戻しが適用されません）

ライティングによる対応 3

ここでは、ライティングで STEP 1「相手の状況が把握できたことを示す」→ STEP 2「お詫びを述べる」→ STEP 3「こちらの状況を説明する」→ STEP 4「後ほど改めて返答すると伝える」→ STEP 5「商品やサービスの利用への感謝を述べる」の順で対応する方法を、実際のビジネス現場における用例を見ながら、確認しよう。

Writing Example 1

Email Message（顧客からの E メール）
注文の品に欠陥があり、配送を早めてほしい

Dear Micro Machine Tools,

We ordered a shipment of sprockets from your company on August 8th, order number 15231. The expected delivery date that we were given was September 23rd. However, it turns out that some of the sprockets we had in inventory from your last shipment were defective,[1] so we need to get our shipment of sprockets sooner. How soon can you get our order to us?

Sincerely,

Dave Howard
Production Manager

Factory Automation Systems, Inc.

マイクロ・マシーン・ツールズ様
　8月8日に、御社のスプロケットを注文しました。注文番号は15231で、配送予定日は9月23日とのことでした。ところが、前回注文したスプロケットの在庫の一部に欠陥があることがわかりました。したがいまして、今回の配送を早めていただく必要があります。最短でいつ、届けていただけますか？

　　ファクトリー・オートメーション・システムズ
　　プロダクション・マネージャー
　　デイブ・ハワード

3 こちらに非があるが、すぐに解決できない場合

Response（返答）
謝罪し、迅速な対応をとると約束する

Dear Mr. Howard,

Thank you for getting in touch with us. First of all, please allow me to apologize for the defective sprockets in your last shipment. I am going to ask someone from our Quality Assurance Department to call you right away to get more information and to try to rectify[2] the situation.

In the meantime, about your request for expedited[3] shipping on your next order, I would certainly like to accommodate[4] you on that. Please allow me to make some inquiries with our Production and Shipping departments. After talking with them, I will contact you with firm information on when we can get those sprockets to you.

I apologize again for this problem, and I will do my best to get you the sprockets that you need as quickly as possible. We really appreciate your being a customer of Micro Machine Tools.

Sincerely,

Amanda Palmer
Customer Service

ハワード様

　ご連絡ありがとうございます。まず、前回ご注文のスプロケットに欠陥がありましたことを、お詫び申し上げます。品質保証部の者に伝えて、すぐにそちらに連絡を入れさせます。そして詳しいことをおうかがいし、状況の是正につとめます。
　今回ご注文分の納期を早める件につきましては、ぜひご要望に応えられますよう、努力いたします。まずは、当社の製造部と配送部に問い合わせてみます。そこで確実な情報を得た上で、いつスプロケットをお届けできるか、ご連絡申し上げます。
　このような問題が生じましたことを、重ねてお詫びいたします。そしてご入り用のスプロケットをできるだけ早くお届けできるよう、最善を尽くします。マイクロ・マシーン・ツールズをご愛顧いただき、心より感謝申し上げます。

カスタマーサービス
アマンダ・パルマー

注
1) defective 欠陥のある　2) rectify 修正する、直す　3) expedited expedite は「早める、急送する」　4) accommodate 便宜を図る、願いを入れる、意に沿う

▶ライティングで返答する際の注意事項 1
(Tips for effective written responses 1)

STEP 1 ▶ 相手の状況が把握できたことを示す
STEP 2 ▶ お詫びを述べる

First of all, please allow me to apologize for the defective sprockets in your last shipment.（まず、前回ご注文のスプロケットに欠陥がありましたことをお詫び申し上げます）の例文では、まず、連絡してくれたことに感謝し、続いて STEP 1 と 2 を 1 つの文で行なっている。前回の注文品に欠陥があったことを理解し、それに対して率直に謝罪している。

please allow me to...（……させてください／……させていただきます／……いたします）はていねいな言い方である。状況に応じて、効果的に用いたい。以下、例を挙げる。

- *Please allow me to* suggest a wine to go with your meal.
（お選びのお食事に合うワインをご提案いたします）

- *Please allow me to* send you a gift card as a token of our apology.
（お詫びのしるしに、ギフトカードをお送りいたします）

STEP 3 ▶ こちらの状況を説明する

顧客からの2つの用件に対して、現時点での回答をそれぞれ述べている。まず、第1段落で、不良品については品質保証部から連絡させると述べている。つづいて、第2段落で、今回の配送を早められるかどうか確認するとしている。

3 こちらに非があるが、すぐに解決できない場合

STEP 4 ▶ 後ほど改めて返答すると伝える

　先ほど出てきた Please allow me という表現をここでも使って、製造部と配送部に問い合わせると伝えている。make some inquiries（単数の場合は make an inquiry）は、「尋ねてみる」のやや改まった言い方で、会話よりも文書を書く際によく使われる。そして、「結果がわかり次第、連絡する」と約束している。

　firm information とは、「確実な情報／確定的な情報」のこと。その他、「形容詞 + information」の形で使われるものをいくつか挙げる。

- solid information 　（確かな情報、信頼できる情報）
- inaccurate information （不確かな情報）
- basic information 　（基本情報）
- general information 　（一般的な情報）
- latest information 　（最新の情報）

STEP 5 ▶ 商品やサービスの利用への感謝を述べる

　最後にもう一度謝罪し、相手が必要としている品をできるだけ早く届けられるよう最善を尽くすと約束している。do my best は「ベストを尽くす」という意味で、「努力する」意志だけでなく、相手に対する誠意も示すことができる。

■ Additional Useful Expressions （覚えておきたいほかの表現）

　そのほか、Writing Example 1 の Email Message（顧客からの E メール）から、覚えておきたい表現を紹介する。

We ordered a *shipment* of sprockets from your company on August 8th,...
　shipment も TOEIC に頻出する。

The *shipment* that was expected to be delivered today was apparently routed to our Sydney office.
（今日届くと見られた荷物が、シドニー支社に行ってしまった）

コラム6　アメリカ企業のカスタマーサポート③

Zappos
顧客にも、社員にも、投資家にも「感動(Wow!)をもたらす」

"Your Culture Is Your Brand."（企業ブランドとは、企業文化だ）——ZapposのCEOトニー・シェイ（Tony Hsieh, 1973- ）は、自身のブログでこのように言い切る。ネットビジネスで勝ち抜いてきた彼ならではの言葉だ。

　ザッポスは顧客に「Wow!（感動）をもたらすサービス」を社の理念とする。"Zappos customer service"とグーグル検索するだけで、同社のカスタマーが得た感動の体験をいくつも読むことができる。たとえばある女性は、ラスベガスに遊びに来て、ザッポスで買ったばかりの靴を自宅に忘れてきたことに気づいた。そこで同社に連絡して、自宅の物は返品するから同じ物を旅先に届けてほしいと頼んでみた。あいにく在庫は切れていたが、ザッポスの本社はラスベガスにある。担当者はショッピングモールまで探しに行って、同じ靴を顧客のホテルに直接届けたという。しかも、このサービスはいっさい無料だった。また、靴を忘れて結婚式にやってきた男性に、一晩で靴を届けたという逸話もある。

　このような並外れたサービスを顧客に提供できる理由は、同社の採用基準にある。ザッポスのカスタマーサービスは、電話であれ、チャットであれ、社内の対応定型文やマニュアルに頼らず、スタッフ1人ひとりがそれぞれの個性を生かして対応することを認めている。またカスタマーの対応時間には制限がなく、6時間も会話が続いたこともあったという。社員に自分で考えて判断する権限を与えるため、人選は極めて重要だ。採用時は候補者の経験やスキルを評価後、個人面接をじっくり行なって、同社の文化に適した人物かどうか見極める。

　ザッポスはスピードも重視する。ザッポスにメールを送ると、自動返信メールではなく、すぐにスタッフから返事が返って来る。大手ストアには珍しいことなので、これも確実に"Wow!"をもたらす。さらに、返品には無条件で応じる。配達も返品も、配送料はいっさい無料だ。洋服や靴をネットで買う際の問題は試着できないことだが、ザッポスでは合わないものは返品するよう勧めている。ネットで靴を売るのは、返品のことを考えると確かにむずかしい。ザッポスはあくまで顧客の満足度を優先し、この問題を乗り越えてしまった。

　顧客の満足度を第一に考えるザッポスのビジネスは、新しいカスタマーサービスのあり方を提案し、多くのアメリカ企業に影響を与えている。

Writing Example 2

Email Message (顧客からのEメール)
新製品の発売日を今すぐ知りたい！

TO: Customer Service
Professional Recording Products

Dear Sir or Madam,

I'm getting rather frustrated[1] in dealing with your company. I own one of your RC-238s, and I've been trying to find out when the next upgrade[2] will be released. I have tried calling your customer service line more than once, but can only get a vague[3] answer. I need to decide whether to purchase a new one now, or to wait for the upgrade. Can you give me a definite date?

Ronald Perkins
Strauss Studios

プロフェッショナル・レコーディング・プロダクツ
カスタマーサービス
ご担当者様

御社の対応に不満を禁じえません。御社のRC-238を1台所有しておりますが、後継機種がいつ発売になるのか、情報を求めています。何度かそちらのカスタマーサービスに電話しましたが、曖昧な返事しかもらえません。今、新しいものを買うか、それとも後継機の発売を待つべきか、決めなければなりません。後継機種の発売日をはっきり教えてください。

シュトラウス・スタジオ
ロナルド・パーキンス

Response（返答）
現時点では、明確に答えられないと説明する

Dear Mr. Perkins,

I'm very sorry that you are feeling frustrated about your interactions[4] with our company, and that my colleagues were not able to answer your questions to your satisfaction.[5] However, I don't know how satisfying an answer that I can give you at this time, because the upgrade is still in the development process, and the date for its release has not been set. Based on typical development cycles,[6] I would expect that the next update would be available by December, but please don't take that as a commitment[7] as it might change.

I would be happy to put your name and contact information in my file[8], and I will send you an email as soon as the upgrade release date is officially announced. The upgrades are usually announced about 6 weeks before the actual release date. I am hoping that will be sufficient time to be useful for you.

We really appreciate your business, and I hope that this addresses[9] your question.

Sincerely,

Karen Morral
Customer Care

パーキンス様

　ご質問に対し、弊社および弊社社員が満足いただける情報を差し上げられず、いらだちを覚えていらっしゃるとのこと、お詫び申し上げます。とはいえ、現時点では、この私もご満足いただける回答ができるかどうか、自信がありません。と申しますのは、新機種はまだ開発段階にあり、発売日が未定となっております。通常の開発サイクルから判断いたしますと、12月までには新機種を発売できると予測します。しかし、変更の可能性はありますから、はっきりお約束はできません。

　お客様のお名前を私の連絡網に登録し、発売日が公式に発表されたら、ただちにEメールでお知らせします。新機種は通常、発売日の6週間前に発表されます。これがお客様のご判断に十分な時間でありますことを祈っております。

　当社製品をご愛顧いただき、誠にありがとうございます。お客様が求められていることにお答えできたようであれば、大変幸いです。

　　　カスタマーケア
　　　カレン・モラール

注
1) frustrated　欲求不満の、いらだった　2) the next upgrade　次のアップグレード（改善、改良）3) vague　はっきりしない　4) interactions　コミュニケーション、接触、やり取り　5) to your satisfaction　満足のいくように　6) typical development cycles　典型的な開発サイクル　7) take that as a commitment　コミットメント（約束）と受け取る　8) in my file　私の（アドレス）ファイルに　9) address　問題と取り組む、対処する

▶ ライティングで返答する際の注意事項 2
(Tips for effective written responses 2)

STEP 1 ▶ 相手の状況が把握できたことを示す
STEP 2 ▶ お詫びを述べる

　この例でも、STEP 1 と STEP 2 を、冒頭の I'm very sorry とはじまる文で同時に述べている。同僚が相手の質問に十分に答えられなかったこと、そのために相手が不満を抱いていることを、謝罪している。

STEP 3 ▶ こちらの状況を説明する

　STEP 3 の状況説明は、前の謝罪を受けて、however（しかしながら）で始めている。顧客が「教えてください」と言っている情報を、今回も提供することができないため、I don't know how satisfying an answer that I can give you at this time（現時点では、ご満足いただける回答ができるかどうか、自信がありません）と、相手の感情に配慮している。さらに「発売日が決定していないので、答えられません」というだけではなく、「通常のサイクルからいくと、12月ごろになるでしょう」と、予想を言い添えている。しかしながら、それが確定情報ではないことを理解してもらうべく、please don't take that as a commitment（これを約束とは受け取らないでください）と付け加えている。

　take 〜 as... は「…を〜と受けとる(理解する)」という意味。例を挙げる。

・Please *take* this *as* a warning.（このことは警告と思ってください）
・I *took* that *as* "yes."（「イエス」だと解釈した）

STEP 4 ▶ 後ほど改めて返答すると伝える

　対策として、相手の情報を名簿に登録して、新機種が発売される時にまた連絡することを提案している。

STEP 5 ▶ 商品やサービスの利用への感謝を述べる

　We really appreciate your business は、利用への感謝にあたる。次の

3 こちらに非があるが、すぐに解決できない場合

I hope that this addresses your question. の address は、deal と同義で、「対応する／取り組む」という意味で使われる。相手からの質問に明確に答えられた場合は、I hope this answers your question.（私の返信があなたの質問に回答できたことを願います）と言えるが、この例のケースはそうではないため、address を使っている。「私の返信が、お客様の質問の対応としてかなったものであると、祈っております」という、気持ちのこもったていねいなフレーズだ。

■ Additional Useful Expressions （覚えておきたいほかの表現）

そのほか、Writing Example 2 から、覚えておきたい表現を紹介する。

I would be happy to put your name and contact information in my file ...

I would be happy to... は、「喜んで……する（させていただく）」。カスタマーサービスでよく使われる言い方だ。相手の意向を尊重した言い方なので、I will... と言うよりもずっとていねいに聞こえる。覚えておこう。

- *I would be happy to* put these garments you are holding into a fitting room for you.
 （お持ちの洋服は、試着室にお運びします）

- *We would be happy to* replace it and cover all shipping costs.
 （喜んでお取り替えいたしますし、配送料もこちらで負担いたします）

- Thank you for calling the Sasaki Delivery Service. Our office is currently closed. We will reopen tomorrow at 9:00 a.m. One of our customer representatives will *be happy to* serve you at that time.
 （佐々木配送にお電話ありがとうございます。当社は現在、営業しておりません。明日は午前9時から営業いたします。その時間から、当社のお客様担当が対応いたします）

Chapter 4

お詫びして、対策を提示する場合

Apologizing and suggesting a solution

本 Chapter 4 では、まず謝罪し、その上で顧客の問題への解決策を提案・伝達する際の対応の仕方を紹介しよう。こういった場合も、順序を追って誠実に対応することが求められる。

　謝罪の必要な場面で、解決策を具体的に提示する。これは、会社を代表して対応するカスタマーサポート・スタッフにとって、もっとも実力を試される場面かもしれない。上からの指示を仰ぐことなく、自分の判断ですみやかに顧客の問題を解消できた時は、大きなやりがいを感じるだろう。

　しかし、こちらの提案に顧客が満足するとはかぎらない。円滑にやりとりするために、提案を明確に説明し、そして何と言ってもていねいに対応しなければならない。

　それを実現するためには、以下に紹介するステップが効果的である。

STEP 1 ▶ お詫びを述べる

　まず相手が不満を感じていることを受け止め、それに対して誠実にお詫びする。最初にこれがないと、相手は自分の困った状況や気持ちを認められていないように感じて、ますます気分を害してしまうことにもなる。しかし、こちらに非がない場合や、むやみに謝らないほうがよい場合もあるので、慎重に判断しよう（謝る必要がない場合は、**Chapter 1** と **Chapter 2** に紹介されているフォーマットが利用できる）。

STEP 2 ▶ 状況を説明する

　相手が苦情を呈している問題の裏に、どんな状況や理由があると思われるか、わかっている範囲で説明する。事実に基づいたデータなどを提供して、話に客観性を加えることが必要だ。相手は事情を知ることで、怒りや不満がおさまり、気分が落ち着くこともある。

　しかし、この時に相手に言い訳していると思われないよう、くれぐれも注意したい。あくまで客観的に、事実やデータに基づいて説明することが大切だ。

STEP 3 ▶ 解決策を提示する

　状況にもよるだろうが、可能であれば、相手の問題を効果的に解消できそうな策を提示することが望まれる。それがむずかしい場合は、会社の方針が許す

なら、謝罪の意志として、特別なギフトや割引を提供することも考えられる。たとえ解決策が提示できなくとも、対価として何かを提供することにより、相手の感情を鎮めることができる。

STEP 4 ▶ 再度お詫びを述べる

締めくくりの最初に、もう一度謝る。これは、非常に申し訳ないという気持ちを再度顧客にきちんと伝える上で、とても重要なステップだ。ただし、相手の苦情が正当なものでない場合や、具体的な解決策を提示できない場合は、このステップを省いたほうがよいかもしれない。

なお、このフォーマットでは2度謝るが、謝罪はそれで十分である。謝りすぎると、企業として弱腰の印象を与えてしまい、相手によってはつけこまれてしまうことにもなりかねない。

STEP 5 ▶ 感謝を述べる

最後に、**Chapter 3**で紹介した表現を利用して、自社の製品やサービスを利用してくれていることに感謝する。

ここで大切なのは、こうした感謝の言葉を使うことによって、肯定的なトーンで話を終わらせることだ。これは、アメリカの文化の中で、特に重要なことといえる。

参考までに顧客以外の相手へ感謝を述べる表現もいくつか紹介する。メッセージやメールの締めくくりにもふさわしい。

- Thank you for your consideration.
 （ご検討いただき、ありがとうございます）
- Thank you for your support.
 （ご協力いただき、ありがとうございます）
- Thanks always for your friendship.
 （いつもおつきあいくださってありがとう）
- I appreciate your being such a good neighbor.
 （よき隣人でいてくださることに、感謝します）

スピーキングによる対応 4

では、ここではスピーキングで、STEP 1「お詫びを述べる」→ STEP 2「状況を説明する」→ STEP 3「解決策を提示する」→ STEP 4「再度お詫びを述べる」→ STEP 5「感謝を述べる」の順で対応する方法を、実際のビジネス現場における用例を見ながら、確認しよう。

Speaking Example 1

Voice Message（顧客からの音声メッセージ）
Eメールが使えない！

I didn't get any response from my email to you, so I'm trying calling. I am having trouble with my smartphone. Earlier today there was a software update, and ever since then[1] my email is not working. This is causing me a lot of problems. I need to use my email to keep in touch with[2] my company. Could someone please get back to me right away? My name is Stuart Johnson, and my number is 312-555-8090.

　Eメールを送りましたが、返信がないので、お電話差し上げました。スマートフォンに問題があります。本日、ソフトウェアのアップデートがあったのですが、それをしてからEメールが使えなくなりました。Eメールが使えないと、会社に連絡できないので、すごく困っています。すぐにお電話をもらえますか？　ステュアート・ジョンソンです。電話番号は 312-555-8090 です。

Response（返答）
簡単に修復できると伝える

Hello Mr. Johnson. We received your message and are sorry that nobody was available to answer at the time. I'm sorry to hear that you are having problems with your email. Sometimes the email settings can get corrupted[3] when there is a software update, but fortunately it's not difficult to fix. Please use this number to contact directly with a technical specialist who can walk you through the steps[4] to refresh your email settings:[5] 800-555-2020, option 5. Sorry again for the difficulties, and thank you for being a Sprint customer.

　ジョンソン様、こんにちは。メッセージをいただきました。当方の誰もお電話に出られず申し訳ございません。Eメールでお困りとのこと、お気の毒に存じます。ソフトウェアのアップデートをした時にEメールの設定が消えてしまうことがありますが、幸い、それは簡単に修復できます。番号をご案内しますので、そちらに直接お問い合わせいただけますでしょうか？　テクニカルスペシャリストが、設定を一からお手伝いいたします。800-555-2020 にかけて、5をお選びください。繰り返しになりますが、このような問題が起こってしまい、申し訳ございません。いつもスプリントをご利用いただき、ありがとうございます。

注
1) ever since then　それ以来ずっと　2) keep in touch with　連絡をとりあう、連絡を保つ　3) get corrupted　データが破損する　4) walk you through the steps　段階を踏んで丹念に教える、手ほどきをする　5) refresh your email settings　Eメールの設定を更新する　6) 800-555-2020　800 で始まるのは無料ダイヤル番号。　7) option 5　「音声案内による選択肢から5を選ぶ」という意味。

▶ スピーキングで返答する際の注意事項 1
(Tips for effective spoken responses 1)

留守番電話などに残されたメッセージに答える時は、まずそれを確かに受け取ったと伝える表現でスタートする。We received your message. あるいは Thank you for your message. も使える。

STEP 1 ▶ お詫びを述べる

ここでは、最初に2回 sorry を使っている。まず相手が電話した時に誰も出なかったことに対するお詫びを述べて、次に相手が今経験している問題について気の毒に思う気持ちを表明している。後者の I'm sorry to hear that you are having problems with your email. には、「あなたがEメールでお困りのこと、お気の毒に思います」という、いたわりにも近い意味合いがある。

この I'm sorry to hear that... (……と聞いて、申し訳ない気持ちです／……と聞いて、残念に思います／……とのこと、遺憾です／……とのこと、お察しいたします) は、さまざまな場面に使える表現。相手が困っていることは認めながら、自分および自分たちの責任だとは考えていないとほのめかす。

次のようにも言う。

- *I'm sorry to hear that* you lost your receipt.
  (レシートをなくされたとのこと、誠にお気の毒です)

- *We're sorry to hear that* your tablet got wet.
  (タブレットが水没してしまったとのこと、誠にお気の毒です)

STEP 2 ▶ 状況を説明する

「これはソフトウェアのアップデートに時々ともなう問題で、解決は簡単」と状況を説明している。

Fortunately (幸いに) を加えることで、相手の立場を配慮している印象

を強く与えることができる。

Fortunately, Dr. Shimomura will be available to see you on Tuesday morning.
（幸い、火曜日の午前中に下村先生が診察できます）

STEP 3 ▶ 解決策を提示する

解決策として、技術者に直通電話で尋ねることを伝えている。walk you through the steps（段階的にガイドします／各ステップを一緒にやって見せながら教えます）は、「ていねいに手伝ってあげる」という含みがあり、好ましい印象を与える表現といえる。似た表現として、give you targeted support（お客様1人ひとりのニーズに合わせてサポートします）や、work with you to solve（御一緒に解決します）がある。

STEP 4 ▶ 再度お詫びを述べる

Sorry again for the difficulties は、話し言葉ではあるが、ていねいな言い方に聞こえる。the difficulties は、相手が経験している問題や困難を指す。

STEP 5 ▶ 感謝を述べる

ここでは thank you for being a Sprint customer.（スプリントをご愛顧いただき、ありがとうございます）が使われている。Thank you for using Sprint.（スプリントをご利用いただき、ありがとうございます）や、Thank you for calling Sprint.（スプリントにお電話いただき、ありがとうございます）といった言い方もできる。

Additional Useful Expressions （ほかの覚えておきたい表現）

そのほか、Speaking Example 1 の Voice Message（顧客からの音声メッセージ）から、覚えておきたい英語表現をここで紹介する。

***I am having trouble with* my smartphone.**
I am having trouble with... は、よく使う表現だ。

- I'm sorry, but I'm going to be a little late this morning. *I'm having some trouble with* my car.
  （ごめんなさい、今朝は少し遅れます。車の調子がちょっと悪いのです）

- Whenever *I am having trouble with* my computer, I call Chiaki. She can fix any problem.
  （パソコンが調子が悪い時は、いつも千明に電話する。彼女はどんな問題も解決できる）

I need to use my email to *keep in touch with* my company.
keep in touch with... は、知っている人も多いだろう。このようにビジネス現場でも使われるので、効果的に使いこなしたい。

- Let's *keep in touch with* each other.
  （たがいに連絡をとりあおう）

- He *keeps in touch with* one of his former subordinates after his retirement.
  （彼は退職後もかつての部下と連絡をとっている）

***Could* someone please *get back to* me right away?**
could get back to... は大変便利な表現で、会話でもメールでもよく使われる。

If you *could get back to* me by the end of the day, that would be appreciated.
（もし本日中にお返事いただけるのであれば、大変ありがたいです）

コラム7　Rochelle's Eye 4

サービス拡大中のチャットサポート　オペレーターはいかに備えるか

こ十年ほど、さまざまな企業が、ライブチャットによるカスタマーサービスを続々と導入している。「電話をかけるのは面倒だし、メールは返事がもらえるまで時間がかかる」と考える人たちは、どうやらチャットで対応してもらうほうが楽だと考えているようだ。また、英語が母語でない顧客にとっては、電話よりもチャットのほうがコミュニケーションがとりやすいこともあるだろう。

チャットによるカスタマーサービスは、企業側にも多くのメリットがある。代表的なものを挙げると、オペレーターが1日に多くの顧客をサポートできるため、運営コスト削減につながる。また、ウェブ上の情報リソースを顧客と簡単に共有できるので、効果的なサポートが実現できる。そして、応答の記録をそのまま残しておけば、社の資料として有効活用できる。

チャットサポートにおいては、どんな点に注意すべきか？　まずは言うまでもなく、文章能力の向上をはかり、正しい英語を書くようにすることだ。文法や語義、構文、句読点にミスがあると、せっかく有益な情報を提供しても、いい仕事をしていると思ってもらえない。顧客に「きっと問題を解決してもらえる」と信頼感を持ってもらうには、きちんとした英文を書かなければならない。

また、チャットはそもそもカジュアルなメディアとして始まったものであり、日本語でも英語でも、略語や顔文字が多用されている。しかし、顧客とのコミュニケーションにおいては、原則こうしたものは避けるべきだ。"LOL" (laugh out loud ＝笑) や "BRB" (be right back ＝すぐ戻るね) といった略語は、顧客対応にはふさわしくない。

カスタマーサービス部門では、チャットに挿入できる定型文が、あらかじめいくつも用意されている。これは、多くの顧客とのチャットをこなす時には欠かせない。有能なオペレーターは、こうした定型文に常に目を通している。

言うまでもなく、サポート対象製品やサービスについての知識も必要だ。加えて、チャットプラットフォーム自体の特長や機能を熟知しておくことも求められる。チャットソフトウェアを常に更新し、プログラムに関わる最新情報も頭に入れておかなければならない。

Speaking Example 2

Voice Message（顧客からの音声メッセージ）
家のプラムの木が切り落とされた！

My name is Janet Siegel, at 533 Live Oak Lane in Redwood City, 650-331-0633. Some tree trimmers from Tony's Tree Care were on our property today to trim trees near the electric wires, saying they were working on behalf of[1] Pacific Gas and Electric. I can understand your needing to trim trees, but this is ridiculous! They lopped off half of our plum trees. I'm afraid that the trees are going to be stunted, or maybe even go into shock[2] and die. You need to do something about this!

ジャネット・シーゲルといいます。住所は Redwood City の 533 Live Oak Lane, 電話番号は 650-331-0633 です。今日トニー・ツリー・ケアから木の刈り込み業者が何人かうちに来て、パシフィック・ガス・アンド・エレクトリック社の依頼で電線に近い木を切ると伝えられました。木を切らなければいけないのはわかりますが、とんでもないことに、うちのプラムの木を半分切り落としてしまったんです！これでは木の成長が止まるか、ショックで枯れてしまうのではないかと心配しています。何とかしてください！

Response（返答）

問題ないと思う、次回は事前に相談すると伝える

Hello Ms. Siegel. Thank you for your message and for letting us know about your concern regarding the trimming of your trees. As you are aware, having branches near electric lines is quite dangerous, so it is necessary to trim them, in some cases quite extensively. I can assure you that plum trees are quite resilient[3], and even when trimmed a lot they will grow back quite quickly and the trimming does not harm them. So I don't think there is a danger of any kind of severe damage to them. I'll tell you what I can do though. We keep a special list of[4] homeowners who want to be consulted before their trees are trimmed. I'll put you on that list, and when the next time for tree trimming comes around,[5] someone will contact you to discuss it with you. Thank you again for calling Pacific Gas and Electric.

　シーゲル様、こんにちは。お宅の木を切った件を懸念されていることをボイスメッセージでお知らせいただき、ありがとうございます。ご存じの通り、電線のそばに枝があるのは危険ですので、切り落とす必要がありますし、場合によっては、かなり刈らなければなりません。でも、プラムは回復力の強い木で、たくさん切り落としても害はなく、すぐにまた伸びてきますので、どうかご安心ください。切ったことによる深刻なダメージはないはずです。でも、このようにさせていただきたく、ご提案申し上げます。弊社では木を切る前に相談してほしいという住宅所有者のリストを特別に作成しております。シーゲル様もその中に含め、次回また刈り込みの時期になりましたら、事前にご連絡を差し上げ、ご相談申し上げます。パシフィック・ガス・アンド・エレクトリック社にお電話いただき、ありがとうございました。

注
1) on behalf of　……の代理で、……のために　2) go into shock　ショック状態に陥る
3) resilient　弾力のある、立ち直りの早い　4) keep a special list of　特別なリストを作成している　5) come around　（年中行事などが）回ってくる

▶ ▶ ▶ ▶ ▶

▶ スピーキングで返答する際の注意事項 2
(Tips for effective spoken responses 2)

　ここでは、まずメッセージを受け取ったことと、その内容を理解していることを伝えている。

STEP 1 ▶ お詫びを述べる

　この場合、自分側に非はないという認識なので、謝罪はしていない。とはいえ、**Thank you for your message and for letting us know about your concern...**（メッセージをいただき、ご心配の点をお知らせいただきまして、ありがとうございます）と、相手の心配や懸念（**concern**）は決して無視することなく、誠実に受け止めている。

STEP 2 ▶ 状況を説明する

　状況をかなり詳しく説明している。中心になるポイントは、相手の心配を解消することと、電力会社の立場を説明することだ。**As you are aware**（ご存じの通り）と言い添えて、木を切らなければならないのは安全面から考えても避けられない、と注意を促している。同じ意味で、**You probably have heard that...**（おそらくお聞きになったことがあると思いますが）や、**As you may know...**（ご存じかもしれませんが）も使える。

　次のように **already** も一緒に使われることがよくある。

As you may already know, our production figures last year were larger than in any of the preceding five years.
（すでにご存じかもしれませんが、当社の生産高は過去5年で最高でした）

STEP 3 ▶ 解決策を提示する

　I'll tell you what I can do though.（でも、できることをお教えしましょう）といって、解決策の提示に入る。これは「あなたが望んでいる解決策は提示できませんが、こういった形で対応できます」という意味だ。一見、友達に話しかけているようだが、相手に好印象を与える言い方である。

同様に、次のような言い方もよく使われる。

- There is something I can do for you though.
（でも、あなたのためにできることもあります）

- I understand your concern, so here's what I can do for you.
（あなたのご心配はわかりますから、このようにしたいと思います）

STEP 4 ▶ 再度お詫びを述べる

この場合、自分たちには非がないので、謝らない。このステップは省いている。

STEP 5 ▶ 感謝を述べる

Thank you again for calling Pacific Gas and Electric.（弊社にご連絡いただき、ありがとうございました）とだけ述べて、簡潔に締めくくっている。これによって、「この話はこれで終了」という含みを込めることができる。

■ Additional Useful Expressions （ほかの覚えておきたい表現）

そのほか、Speaking Example 2 の Voice Message（顧客からの音声メッセージ）から、覚えておきたい英語表現をここで紹介する。

I'm afraid that **the trees are going to be stunted, or maybe even go into shock and die.**
I'm afraid (that)...（……となってしまいそうだ）は、起こってほしくないことが起こりそうな時に使う。

I'm afraid **we'll have to calculate the cost again. We might exceed our budget.**
（恐縮ですが、費用を計算し直さなければならないと思います。予算を超過しそうです）

ライティングによる対応 4

ここでは、ライティングで STEP 1「お詫びを述べる」→ STEP 2「状況を説明する」→ STEP 3「解決策を提示する」→ STEP 4「再度お詫びを述べる」→ STEP 5「感謝を述べる」という順で対応する方法を、実際のビジネス現場における用例を見ながら、確認しよう。

Writing Example 1

Email Message（顧客からの E メール）
ウェブサイトでうまく注文できない！

Hi, I'm having some trouble with your website. I am ordering gifts for several of my clients. I have selected them and am now at the screen where I need to designate[1] the shipping address for each of them. I chose the option "select shipping address" and then "add new address" but the site is not allowing me to add a new address. It just tries to have me edit one of the addresses[2] that I have sent to in the past. It seems like your site is malfunctioning,[3] and I am really frustrated!

Randy Fox

　こんにちは。そちらのウェブサイトで、クライアント数社に贈るギフトを注文しようとしているのですが、うまくいきません。商品の選択を終了し、それぞれの配送先の入力画面に今来ています。「配送先を選択する」、続いて「新しい住所を追加する」を選ぶのですが、新しい住所が追加できません。過去の配送先を編集するようにという指示が出てくるだけです。サイトが故障しているのでしょうが、本当に

イライラさせられています！

ランディ・フォックス

Response（返答）
原因不明だが、改善に努力すると伝え、対応策を1つ提示する

Dear Mr. Fox,

I'm so sorry to hear that you are having this problem.

I'm not sure why this is happening, indeed[4] there may be a problem with the site. Thank you for pointing it out, and I will ask our web team to look into[5] it.

In the meantime, I would like to suggest another way for you to get your recipients'[6] addresses into the system. Please go to your Account page, and select Address Book. You can add your recipients' addresses there. Then, when you go to Select Shipping Address for each of your items, the addresses will appear in the drop-down menu and you can select them that way.

Please let me know if you have any trouble doing this.

Apologies again for the inconvenience, and thank you for shopping with Red Envelope.

Sincerely,

Hideko Sato
Customer Service Representative

フォックス様

お困りとのこと、お詫び申し上げます。
　なぜそういうことが起こっているのかはわかりませんが、確かにサイト自体に問題があるのかもしれません。ご指摘ありがとうございます。つきましては、ウェブチームに調査を命じます。
　さしあたって、受取人の住所を登録する方法を1つご案内いたします。お客様の「アカウント」ページに行き、「アドレスブック」を選択してください。そこで受取人の住所が追加できます。追加後は、各品の「配送先を選択する」のドロップダウンメニューに追加した住所が表示され、選択できるようになります。
　この方法がうまくいかないようでしたら、またお知らせください。
　ご迷惑をおかけし、申し訳ありません。レッド・エンベロープでお買い物をしていただき、ありがとうございます。

カスタマーサービス窓口
佐藤秀子

注
1) designate　指定する　2) try to have me edit one of the addresses　私に住所の1つを編集させようとする　3) malfunction　うまく作動(機能)していない　4) indeed　いかにも、なるほど　5) look into　調べる　6) recipient　受取人

▶ ライティングで返答する際の注意事項 1
(Tips for effective written responses 1)

メールなどの文書で返答する場合は、スピーキングに比べてフォーマルなトーンになる。

STEP 1 ▶ お詫びを述べる

I'm so sorry to hear that you are having this problem. が、お詫びにあたる部分である。I'm sorry to hear that... を使って、次のようにも言える。

I'm very *sorry to hear that* you are experiencing difficulties using our site.
（当社のサイトのご利用にあたり、ご面倒な思いをされているそうで、申し訳なく思います）

STEP 2 ▶ 状況を説明する

ここでは、何が原因でそうなっているのか、はっきりしない。I'm not sure why this is happening と述べて、それを正直に認めている。次のような言い方もできる。

- I'm not certain as to the exact reason why you're experiencing this problem.
  （なぜこういう問題が起きているのか、明確にはわかりません）

- I can't say for certain what is causing the problem.
  （何が問題の原因かは、明言できません）

このあと担当者は、確かに問題があるかもしれないと伝えて、それが今後解決されるように担当者に連絡すると約束している。これが大事なポイントだ。「顧客に不便をかけたことをまず受け止める」、その上で「この経験を人事にして、問題の再発を防ぐ」と伝えることで、顧客のいらだちを多少は抑えられるだろう。この部分は、あるいは次のように書いてもいい。

――
4　お詫びして、対策を提示する場合

- I'm going to pass this information along to the team that's in charge of our website so that they can explore this further.
（この情報をウェブサイト担当チームに伝え、調べてもらいます）

- I'll share your problem with the website team and ask them to make appropriate improvements.
（お客様の問題をウェブサイトチームと共有して、適切な改善を図るよう頼みます）

STEP 3 ▶ 解決策を提示する

　In the meantime, I would like to suggest another way for you（さしあたって、ほかの方法を1つご提案いたします）と述べて、今すぐに相手の問題を解決するための方法を伝えている。
　in the meantime を使って、次のようにも言える。

In the meantime, please do not hesitate to contact us if there is some other way we can help you.
（そのあいだも、私どもがお役に立てるようなことがございましたら、ご遠慮なくご連絡ください）

STEP 4 ▶ 再度お詫びを述べる

　Apologies again for the inconvenience（ご不便をおかけし、再度お詫びいたします）がこれにあたる。

STEP 5 ▶ 感謝を述べる

　thank you for shopping with Red Envelope（レッド・エンベロープでお買い物いただき、ありがとうございます）の部分である。

▤ Additional Useful Expressions （ほかの覚えておきたい表現）

そのほか、Writing Example 1 の Email message（顧客からの E メール）から、覚えておきたい英語表現を紹介する。

It seems like your site is *malfunctioning*, and I am really frustrated!
　malfunction は、名詞としても、「（機械などの）不調、機能不全」の意味でよく使われる。

・I am afraid a system *malfunction* is preventing the delivery of mail.
　（システム障害により、メールが受信できていないように思います）

・I am very sorry, but we aren't able to pin down the exact reason for the *malfunction* yet.
　（申し訳ございませんが、まだ機械の不調の本当の原因をつかむことはできておりません）

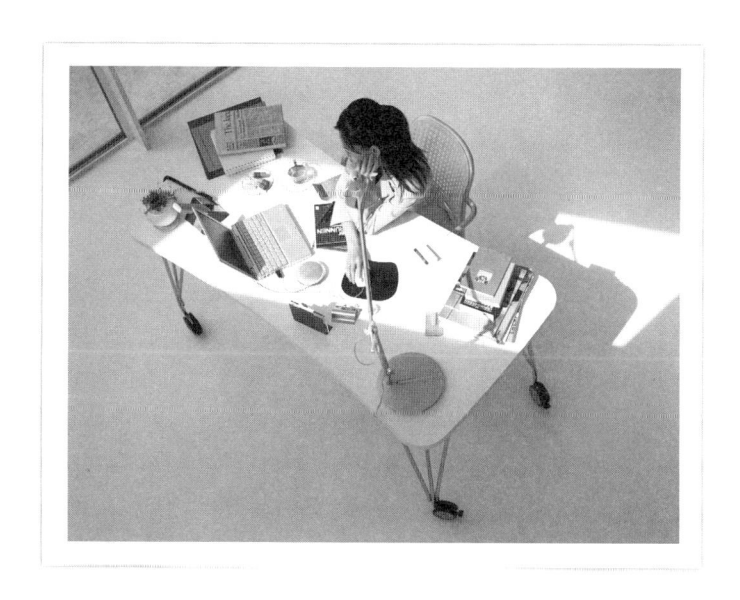

Writing Example 2

Email Message （顧客からのEメール）
注文の品がまだ届かない！

Order Fulfillment
Saito Engineering

Dear Sir or Madam,

On the 5th of January, we ordered from you a set of Five Precision Polishing Tools, your item number 53204. Our order number is SE-RQP8891.

We were expecting to have received our order by now,[1] but it has not arrived. Could you please look into it and let us know the status?[2]

Thank you.

Marsha Amani
Amani Industries Ltd.

斉藤エンジニアリングの注文の担当者殿

拝啓
　1月5日付で、品番号53204の「精密研削工具5種類入り」を1セット注文しました。注文番号はSE-RQP8891です。
　もうとうに届いているはずなのですが、まだ配達されていません。配送状況を調べて連絡してもらえますか？

敬具

アマーニ・インダストリーズ有限会社
マーシャ・アマーニ

Response（返答）
謝罪し、追跡調査を約束する

Dear Ms. Amani,

Thank you for getting in touch[3] and we're very sorry that you have not yet received your order.

I have done some research, and would like to let you know that the order left our facility via DHL on January 9th. Normally, DHL shipments would arrive at your location within two weeks, but since it has been longer than that I'm glad that you let us know about it.

I am currently following up with[4] DHL in order to get more information from them on the whereabouts of your shipment. They told me that it may take up to three days to do a thorough trace and search. I will get back to you as soon as I have some concrete information[5] from them.

Thank you for your patience, and I'm very sorry for this inconvenience.

We do appreciate your business, and are looking forward to getting your shipment to you.

Sincerely,

Naoki Saito
Shipping Clerk

アマーニ様

御連絡ありがとうございます。ご注文の品が未着とのこと、大変申し訳ございません。
　調査しましたところ、ご注文品は1月9日にDHLによりこちらの倉庫から発送されております。通常でしたら、DHL便はお客様の住所まで2週間以内で到着します。しかし、それを過ぎておりますので、今回はお知らせいただき、感謝申し上げます。
　現在、お客様への配送品がどこにあるか、DHLに追跡調査を依頼しています。完全に確認できるまで、最長3日を要するとのことです。情報が確認され次第、また御連絡いたします。
　アマーニ様には、よろしくご寛恕のほど、お願い申しあげます。ご迷惑をおかけし、誠に申し訳ございません。
　弊社の品をお買い上げいただき、誠にありがとうございます。ご注文のお品を、お客様のお手元に早くお届けできますよう、できる限り対処いたします。

配送担当
斎藤直樹

注
1) by now　（たぶん）現在までには、今はもう。完了、終了などを表わす。　2) status　状態、事情、事態　3) get in touch　連絡をとる　4) follow up with　ほかの人に連絡して、仕事などの（進行）状況をチェックする　5) concrete information　明確な情報、具体的な情報

▶ ライティングで返答する際の注意事項 2
(Tips for effective written responses 2)

STEP 1 ▶ お詫びを述べる

we're very sorry that you have not yet received your order（ご注文の品が未着とのこと、大変申し訳ございません）が謝罪にあたる。

STEP 2 ▶ 状況を説明する

2番目の段落では調査結果を述べて、状況を説明している。すでに出荷され、届いているはずであることを確認している。

STEP 3 ▶ 解決策を提示する

ここでは、まだ完全には解決されていないが、取り急ぎどんな対策を打ったかを説明して、具体的な情報をもらえるまでにどれほどの時間がかかるか、その予測も伝えている。次のように書いてもいいだろう。

Evidently it's going to take them a few days to investigate the situation. I'll be back in touch once I have some information from them.
（先方によると、状況の調査には2，3日かかりそうです。情報が入り次第、また御連絡いたします）

STEP 4 ▶ 再度お詫びを述べる

商品配達が遅延している上、このメールでは完全な返答ができないので、まず Thank you for your patience.（よろしくご寛恕のほど、お願い申し上げます）と、相手が辛抱して待ってくれていることに感謝する。これはまさしく、「いましばらくお待ちいただけますよう、お願い申し上げます」と似たような意味合いだ。これに、I'm very sorry for this inconvenience.（ご迷惑をおかけし、誠に申し訳ございません）と、直接的な謝罪の表現をつづける。

STEP 5 ▶ 感謝を述べる

　We do appreciate your business が感謝の言葉にあたる。「ご愛顧ありがとうございます／お取引ありがとうございます／ご利用ありがとうございます」など、さまざまな意味合いで使われるフレーズである。これにつづけて、商品を早くお届けできることを願っていると最後に述べて、顧客を満足させたい気持ちを伝える。

　返答を締めくくる感謝の言葉としては、73 ページの STEP 5 も参照。

■ Additional Useful Expressions （ほかの覚えておきたい表現）

　そのほか、Writing Example 2 の Email message（顧客からの E メール）から、覚えておきたい英語表現を紹介する。

We *were expecting to* have received our order by now, but it has not arrived.
　expect は、このように進行形で使われて、「……するはずだ」という意味を示すことがよくある。

We're *expecting* a lot of packages from China this week.
　（今週、中国から荷物がたくさん着く予定だ）

Could you please look into it and let us know the *status*?
　status は「状態／事情／事態」の意味で、次のように使われる。

The bank made an inquiry into the business *status* of the firm.
　（銀行はその会社の業態調査を行なった）

Chapter 5

顧客の要望に応えられない場合

When you can't do what the customer is requesting

▶ ▶ ▶ ▶ ▶ ▶

　カスタマーサービスの仕事でいちばんむずかしいのは、お客様に "No" と言うことかもしれない。たとえ自分または自分が属する団体に非がない時でも、できることなら、それはしたくない、と誰もが思うことだろう。

　顧客の要望や依頼を断らなければならない時に求められるのは、「毅然とした態度を示しながらも、十分ていねいに対応して、今以上に不満にさせない」ことだ。そのためには、なぜそのような対応をしなければならないのか、論理的に、かつわかりやすく説明する必要がある。また、さらに不満が募り、苦情が繰り返されないようにするには、相手に役立つ提案をしたり、利用について感謝することで、雰囲気を和らげることが重要である。

　本 Chapter 5 では No を言わなければならない時に、顧客に対応するための方法を紹介する。

　次の６つのステップが効果的だ。

STEP 1 ▶ 相手の状況が把握できたことを示す

　相手の状況を把握することは、当然ながらとても重要だ。たとえば、I understand（理解した）という表現を使ってもいいし、あるいは把握したことを間接的に示す言い方をしてもよい。

STEP 2 ▶ こちらの状況を説明する

　こちらの事情を説明する時は、できるだけ明確に伝えるようにしよう。ほとんどの顧客は、こちらの制度や方針、手続きの方法や物事の進め方といったことはよく知らない。したがって、わかりやすく説明しなければ、混乱させてしまうし、状況によってはさらに憤慨させてしまうことにもなる。そして、この事情説明は、次のステップで断る際の「裏付け」にもなる。十分な理解が得られなければ、こちらが断ることに納得してもらえないだろう。長々と説明する必要はないが、相手が状況を十分理解できたか確認するようにしたい。

STEP 3 ▶ 依頼や要求を断る

　欧米の文化では、直接的な言い方で、明確に物事を伝えるのがよしとされる。それは英語という言語の特徴でもある。相手の要求や依頼に応じられない時は、明確に断るしかない。

STEP 4 希望に沿えないことをお詫びする

　Chapter 3 や Chapter 4 とは異なり、本 Chapter 5 の場合はこちらに非があるわけではない。したがって、ここでは自分の側の過ちや至らなさに対してではなく、顧客の希望に応じられないことに対してお詫びすることになる。同じ謝罪でもこのように性質が異なるため、謝り方も異なる。また、同じように I'm sorry と言っても、お詫びの対象や意味合いは状況によって異なる。

STEP 5 可能であれば、代わりの対策を示す

　相手の希望には沿えなくとも、顧客が状況改善のためにできることがあるとすれば、それを提案するのがよいだろう。問題が多少なりとも改善されるだけでなく、相手の落胆も軽減できるかもしれない。とはいえ、それを相手に強要するような言い方は避けなければならない。あくまでソフトに提案することが求められる。このような場面で使える表現として、以下のものがある。

　　・Something else you could do is...
　　（もう1つお客様にしていただけることとしては……）
　　・I have a suggestion...
　　（ご提案があります。それは……）
　　・An alternative you might wish to consider is...
　　（代わりに考慮されてみてはいかがと思うのは……）
　　・Something that could be helpful would be to...
　　（……をなさると、役立つかもしれません）

STEP 6 商品やサービスの利用への感謝を述べる

　このステップでは、本 Chapter 5 で紹介した表現をそのまま使ってよい。たとえ相手の希望に沿えなくても、肯定的なトーンで締めくくりたい。顧客の要求や依頼を断らざるをえない場合は、なおさら顧客のことを大切にしているというメッセージを送りたい。ここでの感謝の言葉は、特に重要な意味を持つ。

スピーキングによる対応 5

では、ここでは、スピーキングで、STEP 1「相手の状況が把握できたことを示す」→ STEP 2「こちらの状況を説明する」→ STEP 3「依頼や要求を断る」→ STEP 4「希望に沿えないことをお詫びする」→ STEP 5「可能であれば、代わりの対策を示す」→ STEP 6「商品やサービスの利用への感謝を述べる」の順で対応する方法を、実際のビジネス現場における用例を見ながら、確認しよう。

Speaking Example 1

Voice Message（顧客からの音声メッセージ）
変更料を免除してほしい！

Hello. We are scheduled to have our office photographed by your firm tomorrow afternoon. Unfortunately, because we have been involved with[1] a major project, we are unable to have the offices properly prepared in time.[2] Also, Mr. Chen, one of the key people[3] who you would be photographing, had to rush[4] to Shanghai for an emergency meeting and will not be available on that day. I hope you understand and are willing to reschedule[5] us for next week without any additional fee.[6]

　もしもし、明日の午後、オフィスの撮影をお願いしている者です。あいにく進行中の大きなプロジェクトのため、約束通りの時間までに撮影準備をすることができません。それから、写真を撮っていただく幹部の1人のチェンさんが、緊急会議で上海に発ち、明日は不在になります。ご理解の上、追加料金なしで来週に予定変更していただけませんでしょうか。

Response (返答)
要求には応じられないと伝える

I understand that it is no longer[7] convenient for you to have your office photographed tomorrow. I am able to reschedule you for next week, but I cannot do it without additional cost to you. Our customers reserve our time in advance, and it would be difficult for us to find another customer to fill your place[8] on such short notice.[9] That is why we have a strict 48 hour cancellation policy.[10] There is considerably[11] less time than that before your session tomorrow, so you will need to pay the full price[12] for tomorrow's scheduled session, as well as the charge for the new session next week. I am sorry but that is how our system works and the contract that you signed specified[13] these terms. We do appreciate your business, and thank you for your understanding.

　明日のオフィス撮影の都合が悪くなったことは、理解いたします。来週に予定を組み直すことはできますが、追加料金なしではお受けいたしかねます。お客様には前もってご予約いただくことになっていますから、このような直前のキャンセルでは、空いた時間に代わりのお客様を見つけることは困難です。キャンセルは48時間前までという規約を定めているのは、このためです。お客様の明日の撮影は、これよりもずっと時間が迫っていますから、来週の撮影料金に加えて、明日予定していた撮影の全額をお支払いいただかなければなりません。申し訳ありませんが、当方ではこのような体制をとっており、ご署名いただいた契約書にもこうした条件が明記されています。弊社スタジオをご利用いただき、ありがたく存じます。どうかご理解いただけますよう、お願い申し上げます。

注
1) involved with　……に関与して　2) in time　間に合って、ちょうどよく　3) key people　主要人物　4) rush　急行する　5) reschedule　予定変更する、延期する　6) additional fee　追加料金、割増料金　7) no longer　もはや……ない（しない）　8) fill your place　あなたの場所（予約）を埋める　9) short notice　突然の（直前の）知らせ　10) cancellation policy　キャンセルに関する規定　11) considerably　かなり、相当に　12) full price　定価、正規の値段　13) specified　明細に記した、条件として明記した

▶スピーキングで返答する際の注意事項1
(Tips for effective spoken responses 1)

STEP 1 ▶ 相手の状況が把握できたことを示す

最初に、状況を把握したことを確認している。I understand...(……を理解しています)は、状況を確認したことを示す効果的な表現だ。

・*I understand* that you need the delivery by Friday.
(金曜日までに配達が必要だということを理解しています)

・*I understand* it is urgent.
(急を要していることは理解いたします)

STEP 2 ▶ こちらの状況を説明する

この返答例は、顧客の要求の一部には応じられるが、完全には応じられないと告げるものだ。まずI am able to...(……ができる)といって、できることを知らせている。次にI cannot do it without additional cost to you.(追加料金なしではできません)といって、できないことも率直に伝えている。

その後で、なぜ相手の要求に応じられないのかを説明する。48時間以内のキャンセルポリシーがなぜ存在するのかを説明して、顧客の理解を求めている。自分の要求が通らない場合、感情的に反応し、対立的な態度をとる顧客も少なくない。それを和らげるために、キャンセルポリシーを設けた理由を明らかにする。それによって、こちらの態度は非協力的に思えるかもしれないが、それには正当な理由がある、と伝えようとしている。

続いて、今回のケースがそのポリシーにどう当てはまるかを説明する。There is considerably less time than that before your session tomorrow(お客様の明日の撮影は、それよりもずっと時間が迫っている)が、その部分である。それを受けて、so you will need to pay the full price for tomorrow's scheduled session, as well as the charge for the new session next week(来週の撮影だけでなく、明日予定されていた撮影分も、

全額お支払いいただかなければなりません）と結果を述べている。

STEP 3 ▶ 依頼や要求を断る

　この例文には直接的な断りの言葉はないが、STEP 2 での状況の説明から、相手の要求を退けようとしていることが十分に伝わる。

STEP 4 ▶ 希望に沿えないことをお詫びする

　I am sorry but は、謝罪の表現ではあるが、自分側が悪いと認めているわけではなく、相手が落胆したり、不愉快に感じているであろうことを配慮しての表現だ。しかし、ここで the contract that you signed specified these terms（署名いただいた契約書にも記載されています）と付け加えて、相手にはあらかじめ了承してもらっていたはずだ、と示唆している。

STEP 5 ▶ 可能であれば、代わりの対策を示す

　ここでは、代わりの対策は特に提案していない。

STEP 6 ▶ 商品やサービスの利用への感謝を述べる

　We do appreciate your business（ご利用に感謝します）は自社の商品やサービスの利用を感謝する言葉。また thank you for your understanding は、状況への理解に感謝するための言葉だが、「ご理解のほど、よろしくお願いいたします」に近い意味になる。このケースのように、会社の事情やポリシーが顧客の希望と反するものである場合、返答の締めくくりとして、このような感謝の言葉を告げるのが適切だ。

📄 Additional Useful Expressions （ほかの覚えておきたい表現）

そのほか、Speaking Example 1 の Voice Message（顧客からの音声メッセージ）から、覚えておきたい英語表現を紹介する。

Also, Mr. Chen, one of the key people who you would be photographing, had to rush to Shanghai for an emergency meeting and will not be *available* on that day.
　available はスケジュールについて触れるときによく使われる。

- I'm very busy right now. But I will be *available* in the late afternoon.
（今はすごく忙しいです。でも、午後の遅い時間なら手が空きます）

- The delegates from the head office will be here for five days, so please make yourself *available* during that period.
（本社の人たちが 5 日間来るから、そのあいだ対応できるようにしておいてほしい）

I hope you understand and are willing to reschedule us for next week without any *additional* fee.
　additional は「追加の」。この形容詞の使い方も覚えておこう。

At your request we will send it by post at an *additional* charge of ¥600.
（ご要望があれば、郵送しますが、追加料金が 600 円かかります）

コラム8　Junko's Eye

個人の度量に左右される、アメリカのカスタマーサービス

　日本では、サービス提供者は、サービス受領者に対して、常にていねいな態度で接する。しかし、アメリカでは必ずしもそうではない。理不尽ないいがかりをつける客がいたとしたら、店員もマネージャーも、対等に反論する。

　在米日本人に聞けば、そのほとんどは、「アメリカのカスタマーサービスは、質が悪い」と答えるだろう。世界最高水準のカスタマーサービスを、誰もが当然のように受けている日本に比べれば、確かにそう思うかもしれない。

　たとえば携帯電話会社の直営店に、契約変更に行ったとしよう。まず、店員が少ないので、かなり待たされることになる。そして日本のように待合室もないし、座って待つ椅子も置かれていない。やっと順番が来ても、担当者次第でひどい対応を受けることになるだろう。運がよければ、知識が豊富で良心的な店員に、てきぱきと対応してもらえる。しかし、投げやりで愛想のない店員が出てきて、不愉快な対応をされることも少なくない。質問をしても間違った応えが返ってくることもあるし、「知りません」で済ませようとする者もいる。書類の記入を間違ったり、こちらが頼んだことを忘れることもあるので、気が抜けない。

　また、企業の問い合わせ先にメールを書いても、3, 4日待たされるのは普通だ。返事が来ても、こちらが求める質問に答えていないこともよくある。民間企業だけでなく、国税局や郵便局など政府による機関も似たようなものだ。

　アメリカ人も自国のカスタマーサービスに憤慨している。ずさんな対応を受けつづけてきたアメリカ人は、Customer service is dead.（カスタマーサービスは死んだ）と嘆く。企業ウェブサイトに掲載されていることであれば、店員に頼るよりも自分で調べたほうが確かだし、ネットの掲示板を使ってほかのカスタマーに質問したほうが、よほど有益な情報が得られる。

　本書で紹介しているアップルやアマゾンやザッポスの「顧客第一主義」に基づいたカスタマーサービスが、人々に熱狂的に受け入れられた背景には、このような実情がある。

　十分なカスタマーサービスが得られないからこそ、人々はそれを与えてくれる企業にひかれるのだ。

Speaking Example 2

Voice Message (顧客からの音声メッセージ)
ピザの配達が遅い！

Hi, I'm Brett Calahan. I was left waiting[1] 30 minutes for my pizza, that's much too long[2]! I'm very unhappy with this experience!

もしもし、ブレット・キャラハンです。ピザを注文してからもう 30 分も待たされているんですが、時間がかかりすぎです！とても不愉快です！こんなに待たされるのはごめんです！

Response (返答)
こちらではどうすることもできないと伝える

First, thank you for contacting us to describe your experience. I understand that you feel that you had to wait too long to receive your pizza. Because our policy is to deliver pizzas in 45 minutes or less,[3] and that was the case[4] here, unfortunately I cannot do anything for you regarding the wait time. Please plan on that basis[5] when you call to place your next order.[6] If you do have a particular[7] request for faster service and inform us of that when you order your pizza, we will attempt[8] to satisfy that request. We will not, however, be able to guarantee service in less than 45 minutes. Please remember to call early next time. Thanks for the opportunity to serve you.

> まず、お客様がご経験されていることをお知らせいただきまして、ありがとうございます。ピザが届くまで時間がかかりすぎると感じられているとのこと、理解いたしました。当店では原則として、ピザを45分以内に配達することになっております。この場合もそれに準じておりますので、申し訳ありませんが、待ち時間に関しましては、こちらではどうすることもできません。次回ご注文の際には、時間が45分ほどかかる可能性があることをお含みいただけますでしょうか。もしそれより早い時間での配達をご希望でしたら、ご注文時にお知らせください。ご希望に添えますよう、努力いたします。ただし、その際も、45分以内で配達を保証することはいたしかねます。次回は早めにお電話いただけますよう、お願い申し上げます。ご注文いただき、ありがとうございます。

注
1) was left waiting 待たされた 2) much too long 長すぎる 3) 45 minutes or less 45分かそれ以下 4) that was the case そういう事情だった 5) on that basis その上で、そういう基準で 6) place your next order 次の注文をする 7) particular 特に、特別な 8) attempt 試みる

▶スピーキングでセンター返答する際の注意事項2
(Tips for effective spoken responses 2)

STEP 1 ▶ 相手の状況が把握できたことを示す

　この返答では、状況を確認する前に、顧客が意見を伝えるために連絡をくれたことに対して、まず感謝の言葉を述べている。顧客からの意見や要望は、どんな内容であれ、歓迎すべきこととして前向きに受けとめなければならない。内容いかんにかかわらず、意見を寄せてくれた顧客には、まずきちんと感謝したい。

　これに続くI understandではじまる文は、相手がどんなことを感じたかを認めており、これが状況確認にあたる。ここで注意したいのは、I understand that you feel...（……と感じていることはわかります）という表現だ。あくまでも相手の気持ちが理解できたと言っているだけで、それに同感、同情しているという意味はここにはない。

STEP 2 ▶ こちらの状況を説明する

　会社の方針の説明が、このステップにあたる。状況説明の際は、会社の方針をからめて話すのが有効だ。相手がサービス内容などに憤慨している時は、自分だけがひどく扱われたと思っている可能性がある。そんな時に、会社の方針を明確に説明することで、すべての顧客を同じ規則に基づいて平等に扱っていると強調できる。

STEP 3 ▶ 依頼や要求を断る

　Unfortunately I cannot do anything for you regarding the wait time.（申し訳ありませんが、待ち時間に関しましては、こちらではどうすることもできません）と、相手の希望に応じられないことを伝えている。unfortunatelyは「残念ながら」という意味だが、これを入れることで、相手の落胆に配慮したていねいな言い方になる。

STEP 4 ▶ 希望に沿えないことをお詫びする

　このケースではこちらにまったく非がないので、お詫びの言葉は入れなくてもよい。STEP 3のunfortunatelyのみで、顧客の感情への配慮は十分といえる。

STEP 5 ▶ 可能であれば、代わりの対策を示す

　Please planからはじまる文は、今後の対策を提案する表現。さらに最後のほうで、Please remember to call early next time.（次回は早めにお電話をいただけますように）と、提案を繰り返している。また、配達時間に関して特にリクエストがあれば注文の時に承るが、45分より早く配達することはやはり保証できないと伝えている。

　このように、企業としてできることとできないことを明確にすることで、今回の対応が妥当であると伝えようとする。また、今後より快適に利用してもらうために、顧客にお願いしたいことも示している。相手の言い分が間違っているとは言っていないが、注文配達の決まりごとについて、正しく理解してもらえるように話している。

STEP 6 商品やサービスの利用への感謝を述べる

　Thanks for the opportunity to... はカスタマーサービスにおいてよく耳にする言い方だ。直訳すると「あなたに……をさせていただく機会を与えてくださって、ありがとうございます」。

　次のような言い方をよくする。

- *Thank you for the opportunity to* assist you today.
（本日はお手伝いさせていただき、ありがとうございます）

- *Thank you for the opportunity to* be of service.
（御用命いただき、ありがとうございます）

- *Thank you for the opportunity to* be of assistance.
（アシストさせていただき、ありがとうございました）

- *Thank you for the opportunity to* help you with your insurance needs.
（保険のニーズのお手伝いをさせていただき、ありがとうございました）

■ Additional Useful Expressions （ほかの覚えておきたい表現）

　そのほか、Speaking Example 2 の Voice Message（顧客からの音声メッセージ）から、覚えておきたい英語表現を紹介する。

I'm very unhappy with this experience!
　be unhappy with [about]、あるいは be not happy with [about] は、いろいろな状況で使われる。

Robert, can I ask you why you decided to offer Nancy a promotion and not me? I'm not very happy about that.
（ロバート、うかがいたいことがあります。なぜナンシーは昇進し、ぼくは昇進しないのでしょうか？　あまり気分がよくありません）

5　顧客の要望に応えられない場合

▶ ▶ ▶ ▶ ▶ ▷

ライティングによる対応 5

では、ここでは、ライティングで、STEP 1「相手の状況が把握できたことを示す」→ STEP 2「こちらの状況を説明する」→ STEP 3「依頼や要求を断る」→ STEP 4「希望に沿えないことをお詫びする」→ STEP 5「可能であれば、代わりの対策を示す」→ STEP 6「商品やサービスの利用への感謝を述べる」の順で対応する方法を、実際のビジネス現場における用例を見ながら、確認しよう。

▶ Writing Example 1

Email Message（顧客からのEメール）
上階の騒音をなんとかしてほしい！

Dear Ms. Lanahan:
As you know, we at Perfect Accountancy have been leasing your 2nd floor office space at 400 Main Street for 3 years now. This is the first time that we feel the need to call your attention to[1] a problem that is disrupting[2] our business. Ever since Mad Machinery opened up a shop[3] on the 3rd floor immediately above[4] us, there has been an incessant drone[5] that is disrupting the work in our office. Accounting work can require intense[6] concentration and many of our clerical workers perform calculations mentally.[7] The noise from above is interfering with their productivity[8] and has begun to cause us to miss deadlines.[9] We must respectfully demand that you force them to stop whatever they are doing.

Sincerely,
Raymond Picander

ラナハン様

ご存じのようにパーフェクト会計事務所では、400 Main Street 2階のオフィススペースのレンタル契約をして3年になります。今回初めて、当社の業務の妨げになっている問題について、知っていただかなければならないと感じています。3階の真上にマッド・マシーナリーが作業場をオープンして以来、低い機械音が絶えず聞こえてきて、業務に支障が出ています。会計業務はたいへんな集中力を要しますし、当社の事務員の多くが暗算で業務を遂行しています。上階からの騒音に生産性を妨げられ、締め切りに遅れるケースも出てきました。彼らがどんな作業をしているのかは知りませんが、強制停止いただかなければなりません。何とぞお願い申し上げます。

レイモンド・ピカンダー

Response（返答）
調査したが、問題なく、期待に沿えないと伝える

Dear Mr. Picander:
Yes, we are aware of the situation in your building. The Everclear Recording Studio on the 4th floor has already complained to us regarding this matter. I must explain to you, though, that we have taken readings of the noise levels[10] in the building and they are 20% below the legal limit[11]. Mad Machinery is also a paying customer[12] and they rent several other buildings from us. There is nothing in our lease with them that restricts[13] their operations as long as they are within the legal limit. Thus, I must unfortunately

respond to you in the same way that I did to Everclear, that we are unable to take any action against Mad Machinery. I am truly sorry for that, and understand that it will make things difficult for you. I suggest that you look into installing some acoustic tile[14] on your ceiling, that could help. We do thank you for renting office space from us.
Mary Lanahan

　ピカンダー様

　当方でも、そちらの建物の状況は認識しております。4階のエバークリアー・レコーディング・スタジオ様からも、すでにこの件について、苦情が寄せられています。ご説明しなければならないのですが、建物内の騒音レベルを検査したところ、法定限度を20％下回っていました。またマッド・マシーナリー様は、当社から複数の物件を借りていただいているお客様でもあります。賃貸契約書にも、法定限度内であるかぎり、マッド・マシーナリー様の業務を制限する記述はありません。したがいまして、残念ですが、御社にも、エバークリアー様にお伝えしたのと同じお返事を差し上げなりません。当方では、マッド・マシーナリー様に対して何の措置もとることができません。これにより、御社がむずかしい状況におかれますことは承知しておりますし、大変申し訳なく思っております。ご提案ですが、天井に防音タイルを設置することをご検討されてはいかがでしょうか。多少は緩和されるかと思います。当社のオフィススペースをご利用いただき、ありがたく存じます。

　メアリー・ラナハン

注
1）call your attention to 　……に対する注意を促す　2）disrupt　妨害する　3）shop　作業場　店舗のshopとは異なる意味なので注意。　4）immediately above　真上　5）incessant drone　絶え間ない、ブーンとうなる音　6）intense　神経の張りつめた、強度の　7）perform calculations mentally　暗算する　8）productivity　生産性　9）miss deadlines　締め切りを逃す、期限に遅れる　10）take readings of the noise levels　騒音レベルのデータをとる　11）legal limit　法定制限、法定限度　12）paying customer　お金を使ってくれる顧客、金払いのいい客　13）restrict　禁止する、制限する　14）acoustic tile　防音タイル

▶ライティングで返答する際の注意事項 1
(Tips for effective written responses 1)

STEP 1 ▶ 相手の状況が把握できたことを示す
最初に、すでにほかのテナントから同じ件について連絡があったため、ビルに起きている状況については知っていると報告している。これが状況把握の確認のステップとなる。

STEP 2 ▶ こちらの状況を説明する
騒音を検査したが、法的に許される範囲だということ、また騒音の原因である会社は得意客でもあることを説明し、措置をとらなければならない根拠はないと伝えている。

STEP 3 ▶ 依頼や要求を断る
Thus（したがって）は、前に述べたことを受けて、結論を述べる時に使われる副詞だ。ここでも、unfortunately（残念ながら）を使って、相手の状況や感情に配慮している。そして、**we are unable to take any action**（何の措置もとることができません）と、相手の要求に応じることができないと伝えている。Everclear 社にも同じように伝えたことを述べて、公平な対応をしていることをアピールしている。

STEP 4 ▶ 希望に沿えないことをお詫びする
ここでお詫びの言葉として、I am truly sorry for that,... と述べている。そしてここで truly（本当に／心から）をさしはさむことで、「本音」で言っているという気持ちを伝える。また、**understand that it will make things difficult for you**（これによって御社がむずかしい状況に置かれることを理解しています）と、相手の困難な状況への理解を示している。

STEP 5 ▶ 可能であれば、代わりの対策を示す
要望には沿えないが、代わりの対策として、天井に防音タイルを設置することを勧めている。that could help（役立つかもしれません／ましにな

るかもしれません）は、相手の状況が改善することを願う気持ちを強調している。I suggest... は相手に何かを提案する時に使われる。
例を挙げる。

- *I suggest that* you have a doctor look at that.
  （それは医者に診てもらうことをお勧めします）

- *We suggest that* you subscribe to an unlimited data plan.
  （無制限データ通信プランの契約をご提案します）

STEP 6 ▶ 商品やサービスの利用への感謝を述べる

最後の感謝の文 We do thank you では、thank you の前に do が入っている。do を抜いても同じ意味だが、do を入れることで、「本当に／とても」と強調することができる。

▣ Additional Useful Expressions （ほかの覚えておきたい表現）

そのほか、Writing Example 1 の Email Message （顧客からの E メール）から、覚えておきたい英語表現を紹介する。

We must *respectfully* demand that you force them to stop whatever they are doing.
respectfully は、「謹んで」という意味で使われる。

- We *respectfully* request that you be present at the party.
  （何とぞご来駕賜りますようお願い申しあげます）

- We *respectfully* inform you that our store will close at the end of August.
  （謹告、当店は 8 月末をもちまして、閉店いたします）

コラム9

TOEIC® に出る「カスタマーサービスの英語」

TOEIC (Test of English for International Communication) は、英語によるコミュニケーション能力を幅広く評価する世界共通のテストとして、世界各国の企業、学校、団体において、さまざまな用途・目的で、幅広く活用されている。

TOEICテストは、アメリカの非営利テスト開発機関である Educational Testing Service(ETS) によって開発・制作され、日本では（財）国際ビジネスコミュニケーション協会が実施・運営している。

1979年にはじまったこのテストは、現在では全世界120カ国で実施され、年間約600万人が受験している。日本では、2011年度に年間227万人が受験した。

TOEIC では、さまざまなビジネスシーンで用いられる英語表現が出題される。したがって、当然のことながら、「カスタマーサービスの英語」もごく自然に出題される。

たとえば、リスニング問題のPart 3では、購入した製品が故障しているので返品したい、代金を払い戻してほしい（reimburse）というような状況を伝える会話が流されるので、数字などに注意しながら、正確に聴きとらなければならない。また、同じリスニングのPart 4では、...To speak with a customer service representative, press 0. To repeat this list of options, press the star key. というように、まさしくカスタマーサポートの自動音声のような英語が流されるので、状況を想像しながら、冷静に問題を判断することが求められる。

さらに、リーディング問題のPart 7前半の single passage では、あるサービスを受けた顧客がその会社に対して宛てた手紙やメールや、ある会社のカスタマーサポートから顧客に宛てたアンケート文書などが問題として出題されたりする。後半の double passage の問題には、まさに本書で紹介しているような「顧客からの苦情や問い合わせのメール」と、それに対する「カスタマーサポートからの返答文」が頻出する。さらには、「納品書」＋「顧客のクレームを伝える文書」や、「請求書」＋「カスタマーサポートからの文書」などの組み合わせが出題されることもある。

TOEICのスコアを上げるためには、『TOEICテスト 新公式問題集』Vol. 1 〜 Vol. 5などで実際のTOEIC問題を確認し、対策を練る必要があるが、その前段階として、特にアメリカ社会におけるカスタマーサービスの事情を理解する上で、本書を活用していただければうれしい。

Writing Example 2

Email Message (顧客からのEメール)
家具の配送を繰り上げてほしい！

To Whom It May Concern:
I have an order placed with your firm for desks and shelving for a half-dozen[1)] offices, as well as a conference table, scheduled for delivery to our new office space on November 21. We are fortunate that construction is ahead of schedule[2)] and so we would like to receive our furniture by the end of September, so that we can get started[3)] in the new space sooner. I would appreciate anything that you can do.

Sincerely,
Mr. Ralston
Workabees Corp.

ご担当者様
　そちらに6つのオフィスで使用する机と棚、会議机を注文し、新しいオフィススペースに11月21日に配達してもらう予定になっています。幸い、建設が予定より早く進んでいるため、9月末までに家具を納入していただき、新しいスペースで早く業務を開始したいと思っています。どうにかご対応いただければ幸いです。

ワーカビーズ社
ラルストン

Response （返答）
できる範囲で誠実に対応すると伝える

Dear Mr. Ralston:

I'm sorry that our original schedule no longer works well[4] for you. Unfortunately, our manufacturing facility is very busy now and we are having trouble meeting our orders[5] on time, let alone[6] earlier. I have, however, consulted with our warehouse and we do have a conference table and a furniture for a single office already made, so we can get those to you by the end of September. Furthermore,[7] because Workabees has been a valued customer[8] of ours, I have convinced[9] our production team to commit to[10] having the remainder of your order delivered by November 14. I hope this consideration on our part[11] is useful to you. I am sorry that we cannot do more to meet your request. Thank you for continuing to meet your office furnishing needs through our firm.

Sincerely,
Hiromi Takado
Order Fulfillment Department

ラルストン様
　当初のスケジュールに、不都合が生じてしまったようで、残念です。申し訳ございませんが、弊社工場は現在フル稼働中で、生産が注文に追い付かないような状態であり、納期を早めることはなかなかむずかしいです。しかしながら、倉庫に確認したところ、会議テーブルとオフィス1つ分の家具はすでに生産済みなので、9月末までにお届けすることができます。また、ワーカビーズ様は大切なお客様ですから、残りのご注文品を11月14日までに仕上げることで、製造チームを了解させました。私どものこの対応が、多少なりとも役立つことを願っております。それ以上はご要望に沿うことができず、申し訳ございません。いつもオフィス家具のご調

達に当社をご利用いただき、誠にありがとうございます。

受注処理部
高堂宏美

注
1) a half dozen　半ダースの、6つの　2) ahead of schedule　予定より早く
3) get started　はじめる、とりかかる　4) work well　うまくいく、都合よくいく
5) meet our orders　注文に応じる、注文を満たす　6) let alone　……は言うまでもなく　7) furthermore　なお、その上、さらに　8) valued customer　大切なお客様
9) convince　納得させる　10) commit to　約束する、義務を負う　11) on our part　当方の、私たちとしての

▶ライティングで返答する際の注意事項 2
(Tips for effective written responses 2)

STEP 1 ▶ 相手の状況が把握できたことを示す

第1文で、状況を把握したことを確認している。ここでの I'm sorry は、「自分および自分の会社が悪いために謝っている」のではなく、「残念だ」という気持ちを伝える表現。この例文の場合、納期が前倒しになって、「困ったことになった」という気持ちがこめられている。ここで I'm sorry(残念です)と言っても、オフィスの引っ越しが早まって喜んでいる顧客には、特に失礼にはあたらない。

以下、例を挙げる。

・*I'm sorry* to hear that your dog died.
（あなたの犬が亡くなったことに、お悔やみを申し上げます）

・*I am sorry* that it did not work out for you.
（あなたにとっていい結果が出なくて残念でしたね）

STEP 2 ▶ こちらの状況を説明する

　unfortunately から始まる文は、自社工場が今とても忙しい状況を説明している。

STEP 3 ▶ 依頼や要求を断る

　ダイレクトに依頼を断ってはいないが、let alone earlier（まして早めるなんて）という言葉から、顧客の依頼に応じることはまず不可能だろうということがわかる。

STEP 4 ▶ 希望に沿えないことをお詫びする

　ここではステップの順番が入れ替わり、STEP 4 は返答の終盤にきている。I am sorry that we cannot do more to meet your request.（それ以上はご希望に沿えず、申し訳ございません）として、STEP 5で述べた対策以上のことはできないと詫びている。なお、その直前の I hope this consideration on our part is useful to you.（こちら側のこの配慮が、お役に立ちますように）に着目してほしい。ここでの consideration には、「少しだけかも知れませんが、特別にしてあげたことですよ」という意味が含まれている。

STEP 5 ▶ 可能であれば、代わりの対策を示す

　STEP 3 の状況を受けて、however（しかしながら）と話を展開している。because Workabees has been a valued customer of ours は、「ワーカビーズさんは、以前から取引いただいている大事なお客様なので（特別に優遇させていただきます）」ということを示唆している。そして、その優遇は簡単に実現できたわけではないということを示すために、I have convinced our production team（製造チームに了解させました）と説明している。

STEP 6 ▶ 商品やサービスの利用への感謝を述べる

　最後の感謝の文は、少しわかりにくいかもしれない。Thank you for continuing to meet your office furnishing needs through our firm. は、

▶ ▶ ▶ ▶ ▶

直訳すれば「いつもそちらのオフィス家具のニーズを、当社を通じて満たしていただき、どうもありがとうございます」となる。continuing は相手が継続して利用してくれていることを、婉曲的に示している。たとえば Thank you always for purchasing office furniture from us.（当社からいつもオフィス家具をご購入いただき、ありがとうございます）といった直接的な表現より、スマートに聞こえる。

◼ Additional Useful Expressions （ほかの覚えておきたい表現）

そのほか、Writing Example 2 の Email Message（顧客からの E メール）から、覚えておきたい英語表現を紹介する。

We are *fortunate* that construction is ahead of schedule.
　fortunate は、「運がいい／幸せだ」の意味。

- I am very *fortunate* to be blessed with efficient subordinates.
（有能な部下に恵まれて、果報者です）

- We were *fortunate* to be accompanied by a person familiar with Japanese culture and society.
（日本の文化と社会に詳しい人がそばにいてくれて、ありがたかったです）

Chapter 6

再度要求を断る場合

When you need to turn the customer down a second time

▶ ▶ ▶ ▶ ▶ ▶

1 度 "No" と言われたことに納得がいかない顧客が、再び同じクレームをつけてくる。これは苦情の中でも、もっとも対応がむずかしいケースの1つといえる。やはり希望に沿えない場合は、あくまでもていねいに対応しながら、どんなに苦情を述べても、会社の方針は変わらない、と理解してもらわなければならない。この **Chapter 6** では、そのような状況における対応のしかたを紹介する。

対応にあたり、以下の6つのステップが考えられる。

STEP 1　以前にも同じクレームを受けたことを確認する
STEP 2　もう1度、詳しく状況を説明する（前回と変わらないことを述べる）
STEP 3　もう1度、依頼や要求を断る
STEP 4　今回も希望に沿えないことをお詫びする
STEP 5　可能であれば、代わりの対策を示す
STEP 6　商品やサービスの利用への感謝を述べる

ではこれを、ステップごとに見てみよう。

STEP 1 ▶ 以前にも同じクレームを受けたことを確認する

すでに1度、自分あるいは別の担当者が対応した相手なので、最初の感謝などの表現は省略してもかまわない（これを入れると、かなりくどくなってしまう）。

こうしたケースに正しく対応するためには、通常、過去の記録を参照しなければならない。そしてその顧客にも、前回の連絡に関する記録が残っていると知らせるべきである。それにより、こちらは一貫した対応ができる体制にあると示すことができる。

STEP 2 ▶ もう1度、詳しく状況を説明する（前回と変わらないことを述べる）

顧客が同じ問題のために再度連絡してくるのは、前回の説明では納得できなかったからだろう。そう考えると、2度目の状況説明はきわめて重要な意味を持つ。ひょっとすると、前回の説明が不十分だったり、わかりにくかったのか

もしれない。同じことにならないよう、ていねいでわかりやすい説明を心がけたい。

　顧客の希望に応じられない場合は、なぜ希望に沿えないのか、できるだけ詳しく説明することが重要だ。たとえば、物理的に不可能、会社の方針により禁じられている、法律違反になるなど、その理由を具体的に説明する。また、その問題の原因や実態を調べるために検査などをおこなった場合は、その結果も提示する。大切なのは、相手が理解できるような情報を示し、論理的に納得してもらうことである。

STEP 3 ▶ もう1度、依頼や要求を断る

　STEP 2 の状況説明の時点で、依頼や要求に応じられないことが明らかな場合は、このステップをぼかしたり、省略したりしても、差し支えない。しかし、可能であれば、率直な表現ではっきりと断ったほうがいいだろう。

STEP 4 ▶ 今回も希望に沿えないことをお詫びする

　このステップには、前の Chapter で紹介したお詫びの言葉が利用できる。顧客は前にもましてがっかりしているか、あるいは憤っているはずである。その気持ちを察して、誠実に謝りたい。

STEP 5 ▶ 可能であれば、代わりの対策を示す

　顧客が希望する方法では解決できなくても、ほかの方法があるかもしれない。その場合は、代案を挙げて、誠意を示すことだ。あるいは今後、同じような問題を避ける予防策のようなものがあれば、それを伝えるようにしたい。

STEP 6 ▶ 商品やサービスの利用への感謝を述べる

　返答を肯定的なトーンで締めくくるためには、自社の商品やサービスの利用に対し、最後にお礼を述べることが必要である。返答内容が相手にとって満足のいかないものであるとしたら、なおさらその人物が自分たちにとって大切なお客様であると理解してもらう必要がある。

スピーキングによる対応 6

　では、ここでは、スピーキングで、STEP 1「以前にも同じクレームを受けたことを確認する」→ STEP 2「もう 1 度、詳しく状況を説明する（前回と変わらないことを述べる）」→ STEP 3「もう 1 度、依頼や要求を断る」→ STEP 4「今回も希望に沿えないことをお詫びする」→ STEP 5「可能であれば、代わりの対策を示す」→ STEP 6「商品やサービスの利用への感謝を述べる」の順で対応する方法を、実際のビジネス現場における用例を見ながら、確認しよう。

▶ Speaking Example 1

Voice Message（顧客からの音声メッセージ）
iPhone を保証内で修理してほしい！

I had sent in my iPhone for repairs, and you sent it back saying that the warranty was voided[1] because I opened up the back of the phone. This isn't fair! I had dropped my phone in water a while ago, and I had to open the back to let it dry out. But that was a long time ago, and that has nothing to do with[2] the current problem[3] I'm having. I'm not happy that you wouldn't fix my phone under the warranty, and I want you to do something about it.

　iPhone を修理に出したところ、裏ふたを開けてしまったため、保証が無効になったといって突き返されました。これは不当です！　以前水没させてしまい、乾燥させるために裏ふたを開けなければならなかったのです。でも、それはだいぶ前のことで、今の問題とは何の関係もありません。保証内で修理できないというのは納得いきません。なんとかしてください。

Response（返答）
要求に応じられず、保証外サービスを勧める

I do have a record here of your iPhone recently being sent to us for repairs. Indeed, as you were told before, the fact that you had opened up your iPhone does invalidate[4] your warranty. That is our strict policy and I am sorry but I am not able to change it. I can, however, offer you non-warranty service.[5] That would enable[6] you to have your phone repaired, but it would involve your paying for the repair because the warranty would not cover it. We appreciate your business, and I think that using the non-warranty service would be a good way to get your phone back in working order[7] again.

　お客様がiPhoneを修理に出された記録が、確かに手元にございます。すでにお聞きになったように、iPhoneの裏ぶたを開けてしまいますと、確かに保証は無効になってしまいます。これは弊社の厳密な規約で、申し訳ありませんが、私には変えることができません。しかし、保証外でのサービスであれば、ご提供することはできます。その場合、お電話は直りますが、保証がききませんので、お客様には修理費をお支払いいただかなければなりません。弊社製品をご愛顧いただき、感謝いたします。お客様には保証外サービスをご利用の上、iPhoneをまた使えるようにしていただくのが最善の方法ではないかと存じます。

注
1) the warranty was voided　保証が無効になった　2) have nothing to do with　何の関わりもない　3) current problem　今起こっている問題　4) invalidate　無効にする　5) non-warranty service　保証外のサービス　6) enable　可能にする　7) in working order　作動して、使える状態で

▶スピーキングで返答する際の注意事項 1
(Tips for effective spoken responses 1)

STEP 1 ▶ 以前にも同じクレームを受けたことを確認する

I do have a record ではじまる文は、「確かに、前回 iPhone を修理に出した記録が手元にある」と確認している。この例文では、do を入れて have a record を強調しているが、入れずに I have a record と言ってもよい。なお、会社が管理するさまざまな記録や控え、履歴を record と呼ぶので、ぜひ覚えておきたい。以下、record を使った用例を挙げる。

- Our *records* show the item was shipped to you on June 22nd.
  （こちらの記録では、品物は 6 月 22 日に発送されています）

- The account information you provided does not match our *records*.
  （お客様からいただいたアカウント情報が、こちらの記録と一致しません）

STEP 2 ▶ もう 1 度、詳しく状況を説明する（前回と変わらないことを述べる）

indeed（いかにも、なるほど）で説明をはじめて、それにつづく文が正確であると強調している。indeed は invalidate の前に入れてもかまわない。そして、as you were told before（前回もそう言われたでしょうけれども）と言って、今回の回答も前回と同じであることを知らせている。

STEP 3 ▶ もう 1 度、依頼や要求を断る

直接断っているわけではないが、「会社の方針により、そちらの要望に応じることはできない」と伝えている。「可能であれば、ご要望に応えたいが、カスタマーサービス担当の自分には、それをする権限がない」と説明することで、「自分はそちらの敵ではなく、人情もあるが、残念ながら状況を変える余地はない」という気持ちを表現しようとしている。strict policy（厳密な規約）という言葉を入れることで、この問題は自分の裁量外であると強調する。

STEP 4 ▶ 今回も希望に沿えないことをお詫びする

I am sorry but（申し訳ありませんが）がこのステップに相当する。

STEP 5 ▶ 可能であれば、代わりの対策を示す

I can, however, offer は切り替えのための表現で、「ご希望のものとは異なるが、提供できる方法がある」と言っている。そして、保証外でのサービスを提案し、その条件を説明している。

STEP 6 ▶ 商品やサービスの利用への感謝を述べる

利用への感謝は最後ではなく、代わりの対策を再度示しながら伝えている。「弊社の顧客だから大切にしている」と言って、「iPhone を使える状態に戻して（使い続けて）ほしい」と希望しているのだ。そのために適切な方法として、保証外サービスの利用を改めて勧めている。このように代わりの解決策が相手の意に沿わないものである時は、感謝の言葉を伝えつつ、ある条件の受け入れを願い出ることも、苦情対応のテクニックの1つだ。

📖 Additional Useful Expressions （覚えておきたいほかの表現）

そのほか、Speaking Example 1 の Voice Message（顧客からの音声メッセージ）から、覚えておきたい英語表現を紹介する。

This isn't *fair*!
この fair は「公平」というより、「正当、適正」という意味合いだ。

It isn't *fair*. No matter how hard I work for my company, as soon as I reach sixty-five they will give me the boot.
（不当だよ。ぼくがどれだけ熱心に会社のために働こうが、65歳になったら、会社にお払い箱にされてしまうんだ）

▶ Speaking Example 2

Voice Message （顧客からの音声メッセージ）
ガス停止措置はおかしい！

I'm calling about the notice[1] I just received about my gas being turned off. This doesn't make sense.[2] I checked into this, and talked with someone at your firm when I received the past due notice[3] the other day. My records indicate[4] that my bill has indeed been paid. There must be something wrong with your billing system.[5]

　ガスを止めるという通知をもらったので電話しています。そんなはずはありません。これについては確認して、先日支払遅延の通知が来た際に、そちらの会社の方と話をしました。請求額が実際に支払われた記録も残っています。そちらの請求システムがおかしいのではないですか。

Response（返答）
こちらの記録を伝え、サービス停止は避けられないと明言する

I understand that you feel that your bill has already been paid, and that you have been in touch with us previously about this matter. But our records show no payments for the past two months. Further, we sent out a warning notice[6] by registered mail[7], and Steve Johnson signed for it. My authority is limited[8] in this matter, and I am not able to make exceptions[9] — any account past due for three months will be turned off. You need to pay your bill, or furnish proof[10] that you paid the bill. You believe that you have paid the bill, so I suggest that you give us proof, such as a cancelled check.[11] The proof can be taken to our office, or sent through the mail. I apologize for the inconvenience, but those are the only ways to avoid your gas being cut off. We value your business, and hope that we can get this resolved soon so that your gas service can continue uninterrupted.[12]

　お客様がすでにお支払いを済ませたとお考えで、以前もこのことでご連絡いただいたことは理解しております。ですが、こちらの記録では、この2カ月お支払いがありません。また、書留郵便で通知もお送りしており、受け取りのご署名はスティーブ・ジョンソンさんとなっています。この件に関して、私の権限は限られており、例外を認めることはできません。3カ月支払いが遅延している世帯は、サービスが停止されます。御請求額をお支払いいただくか、お支払いいただいた証拠をご用意いただかなければなりません。お支払いされたとのことですので、使用済み小切手など、証明できるものをご提示いただくことをお勧めします。私どもの営業所にお持ちいただいても、ご郵送いただいても結構です。お手数をおかけして申し訳ございませんが、ガスの停止を回避するには、それが唯一の方法です。ご利用いただきありがとうございます。この件が早く解決されて、ガスを引きつづきお使いいただけることを願っております。

▶ ▶ ▶ ▶ ▶

注
1) notice　通知、通告　2) make sense　道理にかなう　3) past due notice　支払遅延通知　4) indicate　示す　5) billing system　請求システム　6) warning notice　警告通知　7) registered mail　書留郵便　8) My authority is limited　私の権限は限られている　9) make exceptions　例外を認める　10) furnish proof　証拠を示す　11) cancelled check　使用済み小切手　12) uninterrupted　つづけて、途切れずに

▶ スピーキングで返答する際の注意事項 2
（Tips for effective spoken responses 2）

STEP 1 ▶ 以前にも同じクレームを受けたことを確認する

　冒頭の文は、前の章で紹介した「状況が把握できたことを示す」にあたる。I understand that you feel... は、「あなたの言い分や気持ちはわかります」という意味で、怒ったり嘆いたりしている人をなだめる時によく使われる言い方だ。このケースのように顧客がかなりいらだっている時は、このような表現を使うことも必要になる。さらに、I understand that...you have been in touch with us previously about this matter と言って、前にもこの件に関して連絡を受けたことを知らせている。

STEP 2 ▶ もう 1 度、詳しく状況を説明する（前回と変わらないことを述べる）

　「2 ヵ月間支払いはなかったし、書留郵便で送付した通知をそちらが受け取った記録もある」と、細かく状況を説明している。

STEP 3 ▶ もう 1 度、依頼や要求を断る

　自分の権限には限界があるので、例外を認めるわけにはいかないとしている。any account past due for three months will be turned off（3 ヵ月支払いが遅延している世帯は、サービスが停止される）と明言して、「これに相当すれば、お客様のお宅も同様の措置を受けることになります」と暗に警告している。

STEP 4 ▶ 今回も希望に沿えないことをお詫びする

ここでは、STEP 4 と STEP 5 の順番が入れ替わっているので注意してほしい。I apologize for the inconvenience（お手数をおかけして、申し訳ございません）の部分が STEP 4 のお詫びにあたるが、これは STEP 5 の代わりの対策を説明した後に述べられている。つまり、ここでのお詫びは STEP 3 で要求に応えられないことに対してではなく、STEP 5 で提示する対策で「相手に手間をかけることに対して」のものである。Chapter 5 で紹介した例もそうだが、顧客のクレームに対してこちらに非がない場合は、「何に対してどこで詫びるか」を意識的に明確にする必要がある。

STEP 5 ▶ 可能であれば、代わりの対策を示す

I suggest that you give us proof（証明するもののご提示をお勧めします）と、対策を提案している。

STEP 6 ▶ 商品やサービスの利用への感謝を述べる

We value your business（ご利用いただいていることをありがたく思っています）は、よく使われる感謝の表現だ。ここでの business は「会社、事業」ではなく、「ご愛顧、お引き立て」を意味している。よりフォーマルなやりとりの場合は、同様の意味を持つ patronage を business の代わりとして利用できる。value は「大切にしています、評価しています」という意味。

以下、value を用いた例を挙げる。

・*We value* our customers.
（当社はお客様のことを大事にしています）

・*We value* your opinion.
（お客様のご意見を尊重いたします）

hope that we can get this resolved soon（お客様とともに、これをすぐに解決できるよう願っています）はこちらの協力的な姿勢を示しながら、相手がすぐに提案に応じて手続きをとるように促す表現である。

📘 Additional Useful Expressions （ほかの覚えておきたい表現）

　そのほか、Speaking Example 2 の Voice Message（顧客からの音声メッセージ）から、覚えておきたい英語表現を紹介する。

There must be something wrong with your billing system.
　There must be something wrong with... は、「……の何か（どこか）がおかしいに違いない」。

　I can't receive emails.　There must be something wrong with our server system.
　（メールの受信ができない。会社のサーバー・システムに問題があるに違いない）

🔍 ▼ コラム 10

TOEIC® スピーキングテスト／ライティングテストには、「カスタマーサービスの英語」が頻出！

　TOEIC スピーキングテスト／ライティングテストテスト（以下、TOEIC SW テスト）は、従来の TOEIC テストではスピーキング力、ライティング力が測定できないという批判を受けて、2006 年に ETS（Educational Testing Service）が開発した。同年より全世界で実施されている。
　TOEIC SW テストは、ETS の Internet-based test (iBT) というシステム（TOEFL が採用しているのと同じものだ）を通じて実施される。ETS 認定テスト会場のパソコンにインターネットを通じてテスト問題が配信され、受験者はそのパソコン上

で音声を吹き込んだり、文書を入力する。試験時間・構成は、スピーキングテストが約20分で11問、ライティングテストが約60分で8問である。

SWテストでは、さまざまなビジネスシーンで求められる英語力が試される。そして特にスピーキングテストのQuestion 10: Propose a solution（解決策を提案する問題）と、ライティングテストのQuestion 6-7: Respond to a written request（Eメール作成問題）には、まさにカスタマーサービスに場面設定された英語での対応問題が頻出する。

スピーキングの「解決策を提案する問題」では、留守番電話に録音されたメッセージなどを聞き、その内容を確認した上で、問題の解決策を英語で提案する。準備時間が30秒与えられ、そのあと60秒で答える。TOEIC SWテストのなかでもいちばんむずかしい問題の1つだ。本書で紹介している12のスピーキング対応例は、この問題のいい準備ツールになるはずだ。この問題では「相手が伝えている問題をはっきり理解していることを示す」ことが求められるので、たとえばChapter 5のスピーキングレッスン2問で紹介している「相手の状況が把握できたことを示す」（STEP 1）技術などをぜひ参考にしてほしい。そして本書に収録した24のメッセージ＆レスポンスの音声（すべて研究社サイトからダウンロードできる）を使って練習すれば、効果的な準備対策ができるはずだ。

また、ライティングテストの「Eメール作成問題」では、25～50語程度のEメールを読み、返信メールを作成する。試験時間はQuestion 9, 10とも各10分で、文章の質と多様性のほか、語彙や構成力が試される。この問題にも、カスタマーサポートで求められる英語がよく出題される。たとえば、2012年前半のTOEIC SWテスト問題には、「ある物品の発送が遅れて届いた上に、壊れていた。誠意ある対応を求める」といった趣旨の問題が出題された。受験者には、カスタマーサポートのスタッフになったつもりで対応し、「情報（遅れた理由など）を2つ、提案を1つ」含んだメールを返信することが求められた。こうした問題に対しては、たとえば本書Chapter 4で紹介したライティング対応例が非常に参考になるだろう。

本書では、対応手順だけでなく、効果的な表現方法も多数収録している（巻末の「カスタマーサポート英語表現一覧」もぜひ参考にしてほしい）。これをSW受験前に本書をよく読んで、試験対策を十分に練ってほしい。

ライティングによる対応 6

ここでは、ライティングで、STEP 1「以前にも同じクレームを受けたことを確認する」→ STEP 2「もう 1 度、詳しく状況を説明する（前回と変わらないことを述べる）」→ STEP 3「もう 1 度、依頼や要求を断る」→ STEP 4「今回も希望に沿えないことをお詫びする」→ STEP 5「可能であれば、代わりの対策を示す」→ STEP 6「商品やサービスの利用への感謝を述べる」の順で対応する方法を、実際のビジネス現場における用例を見ながら、確認しよう。

▶ Writing Example 1

Email Message（顧客からの E メール）
クリーニングをしてしみをとってほしい！

Dear Purple Tie Cleaners,

I had sent you the enclosed[1] sweater for dry cleaning, and asked you to remove the stain on the sleeve. But I got it back without anything having been done to it,[2] and a note from you saying that it's impossible to remove. For experts like you, no stain should be impossible to get out! Please take a look at it, and surely[3] you can do something!

Gina Richmond

パープル・タイ・クリーナーズ様

同梱のセーターは、そちらにクリーニングに出して、袖のしみ抜きをお願いしたものです。でも、除去不可能です、と書かれたメモが付けられて、何の処置もされないまま戻ってきました。お宅のような専門店に、とれないものがあるはずはありません！よく見ていただければ、何かしらできるはずです！

ジーナ・リッチモンド

Response（返答）
申し訳ないが、それはできないと断わる

Dear Ms. Richmond,

We understand your concern about the stain on the sleeve of your sweater. However, the situation remains the same[4] that we are not able to remove it. We examined the sweater closely when you first sent it in. The particular type of stain that it has on it is the result of the sweater being stored[5] for a long time without having been cleaned first. Any traces of contamination[6] on the fabric then oxidize[7] over time, changing the fiber itself, rather than just being something that can be washed off. So I'm sorry, unfortunately we aren't able to do anything with the stain on your sweater. Thank you for understanding, and we appreciate your business.

Sincerely,

Gabriel Tshaba
Owner

▶ ▶ ▶ ▶ ▶

リッチモンド様

　お客様がセーター袖口のしみを気にされていることは理解いたします。しかしながら、除去できない状態であることに変わりはありません。最初にお送りいただいた時に、セーターをじっくり拝見いたしました。このタイプのしみは、クリーニングしないまま、長期間保管された結果、できたものです。繊維に汚れが少しでも残っていると、時間の経過とともに酸化して、繊維そのものが変質し、洗い落とせなくなってしまいます。ですから、申し訳ございませんが、お客様のセーターに関しましては、手の打ちようがないと申し上げるしかございません。以上、ご理解いただけますよう、お願い申し上げます。当店のご利用を感謝しております。

　店主
　ガブリエル・シャーバ

注
1) enclosed　同封の　2) without anything having been done to it　何の処置もされることなく　3) surely　必ずや、確実に　4) the situation remains the same　状況は変わらない　5) stored　保管されて　6) traces of contamination　汚染の痕跡、わずかな汚れ　7) oxidize　酸化する

▶ライティングで返答する際の注意事項 1
(Tips for effective written responses 1)

STEP 1 ▶ 以前にも同じクレームを受けたことを確認する

この返答例も「状況が把握できたことを示す」で始まる。We understand your concern... は、「あなたの懸念／心配／気にされていることはわかります」と、相手の言い分を認める表現だ。この顧客は憤慨している様子なので、こういった書き出しが適切だろう。続けて the situation remains the same（状況は同じです）という文により、これが2度目の依頼であることと、事態は前回と変わらないことを述べている。

STEP 2 ▶ もう1度、詳しく状況を説明する（前回と変わらないことを述べる）

the situation remains the same には「依然として／進展しない／動かない」というニュアンスがあるが、これに続けて、その理由が詳しく説明されている。セーターをプロの目で診断した結果を報告して、このたぐいの汚れがなぜクリーニングで除去できないかを科学的に説明している。

STEP 3 ▶ もう1度、依頼や要求を断る

we are not able to remove it（除去できません）と最初に述べてから、後半で we aren't able to do anything with the stain on your sweater（お客様のセーターについたしみに対し、できることはありません）と、念押しをしている。unfortunately（残念ながら）を添えることにより、客に同情を示すことができる。

以下、unfortunately を使った例文を挙げる。

- *Unfortunately*, I am unable to respond to your request until I have received the documents from you.
  （あいにくですが、そちらから書類を受け取るまで、ご要望にお応えすることはできません）

- *Unfortunately*, there is nothing we can do to repair the damage.
  （残念ながら、その損傷を修理する方法は何もありません）

▶ ▶ ▶ ▶ ▶

STEP 4 ▶ 今回も希望に沿えないことをお詫びする

I'm sorry（遺憾です／申し訳ありません）がこの役割を果たしている。

STEP 5 ▶ 可能であれば、代わりの対策を示す

この例の場合は、本当に打つ手がない状況なので、代わりの対策はない。もしここで今後の予防対策を述べたいなら、次のように言える。

In the future, I recommend that you clean your garments before storing them for long periods of time.
（今後は、長期間保管する前に、洋服をクリーニングするようお勧めいたします）

しかし、説明の部分から容易に推測できるアドバイスをあえて書くことは、嫌みに聞こえかねないので、注意が必要だ。

STEP 6 ▶ 商品やサービスの利用への感謝を述べる

Thank you for understanding は、直訳すれば「ご理解ありがとうございます」だが、この場合は「ご理解いただけますよう、お願いいたします」に近い意味だ。最後に we appreciate your business と利用を感謝している。

▣ Additional Useful Expressions （ほかの覚えておきたい表現）

そのほか、Writing Example 1 の Email Message（顧客からの E メール）から、覚えておきたい英語表現を紹介する。

I had sent you the *enclosed* sweater for dry cleaning, and asked you to remove the stain on the sleeve.
　enclosed は、「同封した」あるいは「同封されている」という意味で、誰かに何かを送る時に添える手紙やメッセージに使われる表現だ。Enclosed please find...（同封の……をご確認ください）という言い方はよく使われるので、ぜひ覚えておきたい。

- *Enclosed please find* my résumé, a list of my accomplishments, and three theses I have written.
  （同封した履歴書、業績一覧、そして業績論文3点をご確認ください）

動詞としても使われる。

- I have *enclosed* a check for $30.00.
  （30ドルの小切手を同封しました）

Writing Example 2

Email Message （顧客からのEメール）
ちゃんと修理するか、新品と交換してほしい！

Dear Midlands Manufacturing,

I am enclosing my widget[1] which I purchased from you. I had sent it back to you because it wasn't working properly, and you returned it to me with a letter saying that nothing was wrong. But I tell you,[2] it doesn't work! So I'm enclosing it again, and request that you please actually[3] fix it this time, or send me a new one!

Sincerely,

David Rappaport

ミッドランズ・マニュファクチャリング様

御社から購入したウィジェットを同封します。ちゃんと機能しないので送り返したのですが、何も問題はないという手紙が付いて戻ってきました。でも、本当に壊れているんです！再度同封しますので、今度こそ修理するか、新品を送るかしてください！

デヴィッド・ラッパポート

Response（返答）
製品に不具合はないと伝え、ほかの対策をとるように提案する

Dear Mr. Rappaport,

Checking our records, I do see that you had sent this widget in to us previously.[4] I have asked our technicians to do a thorough[5] inspection of this product, and again we are not able to find anything wrong with it. We aren't able to make any repairs, because there is nothing to repair. And because your product is not defective,[6] but also is not new and in its original packaging, we are not able to replace it. I'm sorry that I was not able to give you the answer you wanted, but I do have a suggestion. Even though based on the inspection[7] the unit is performing within specifications,[8] that doesn't mean you aren't having a problem with it. I would like to encourage you to call one of our Technical Representatives at 1-800-929-3344 and have them walk you through the correct operation[9] of the widget. We appreciate your being our customer, and want you to be satisfied, so I hope that you will avail yourself of[10] this option.

Sincerely,

Charlotte Johnson
Customer Service

ラッパポート様

　こちらの記録をチェックしておりますが、確かに以前、お客様がこのウィジェットを送られたことが記載されています。弊社の技術者にこの製品を詳細に検査するように命じましたが、やはり今回も何も不具合は見つかりませんでした。修理すべ

▶ ▶ ▶ ▶ ▶

きところがないので、修理はできないのです。お客様の製品は欠陥品ではなく、箱入りの新品でもないので、交換もいたしかねます。ご希望通りの回答を差し上げられず、申し訳なく思いますが、ご提案できることが1つあります。検査によると、製品は仕様範囲内で機能していますが、それでもお客様がお困りになることがないとはいえません。私どもの技術担当の電話 1-800-929-3344 に、ぜひお電話ください。ウィジェットの正しい操作法をわかりやすくご案内いたします。当社の製品をご購入いただきまして、誠にありがとうございます。製品を快適にお使いいただくために、この電話案内をご利用いただきますよう、お願いいたします。

　　　カスタマーサービス
　　　シャーロット・ジョンソン

注
1) widget　ウィジェット、小型装置　2) I tell you,　確かに、まったく（口語、強調を目的とする）　3) actually　実際に、本当に　4) previously　以前に　5) thorough　詳細に、徹底的に　6) defective　欠陥のある、不完全な　7) based on the inspection　検査をもとにすると　8) performing within specifications　仕様、規格の範囲内で機能している　9) correct operation　正しい操作、運転　10) avail yourself of　……を利用する

▶ ライティングで返答する際の注意事項 2
(Tips for effective written responses 2)

STEP 1 ▶ 以前にも同じクレームを受けたことを確認する

I do see that you had sent this widget in to us previously（確かに以前、お客様がこのウィジェットを送られたとあります）が、このステップにあたる。会社の記録をチェックしたと告げて、信頼性を高めている。

STEP 2 ▶ もう1度、詳しく状況を説明する（前回と変わらないことを述べる）

徹底的に検査したと伝えて、we are not able to find anything wrong with it（何も悪いところはありませんでした）と報告している。and again（今回もまた）という言葉により、前回も徹底的にチェックしたことがうか

がえる。

STEP 3 ▶ もう1度、依頼や要求を断る

We aren't able to make any repairs（何の修理もできません）が、このステップに相当する。

STEP 4 ▶ 今回も希望に沿えないことをお詫びする

I'm sorry that I was not able to give you the answer you wanted. は、直訳すれば、「あなたが欲しかった返事をあげられなくて、ごめんなさい」。「自分側に非はないので、あなたの意向には沿えないが、同情の気持ちはある」と伝える表現だ。

以下、例を挙げる。

I'm sorry this is not the answer you were hoping for.
（あなたが期待していた返事でなくて申し訳ありません）

STEP 5 ▶ 可能であれば、代わりの対策を示す

but I do have a suggestion（でも、ご提案できることが1つあります）は、代わりの対策を切り出すフレーズ。do が使われているのは、お客様の依頼に応じることが「できなかった」けれども、提案することが「できる＝do」と強調したいからである。I would like to encourage you to...（……なさることをお勧めします）は、相手に行動をとることを勧めるていねいな表現だ。

以下、encourage...to... を使った例を挙げる。

・I would like to *encourage* you *to* make a reservation two weeks in advance.
（2週間前にはご予約されるようお勧めいたします）

・We *encourage* our customers *to* update the software regularly.
（お客様にはソフトウェアを定期的に更新されることをお勧めしております）

6 再度要求を断る場合

▶ ▶ ▶ ▶ ▶

STEP 6 ▶ 商品やサービスの利用への感謝を述べる

　Chapter 6 のスピーキングの例 1 と同じように、利用への感謝につづいて、対策の活用を勧める言葉がくる。「ご満足いただきたい」([We] want you to be satisfied) ので、そのためにぜひこの方法をとっていただきたいと伝えている。

▣ Additional Useful Expressions （覚えておきたいほかの表現）

　最後に、Writing Example 2 の Email Message （顧客からの E メール）から、覚えておきたい英語表現を紹介する。

So I'm enclosing it again, and request that you please actually *fix* it this time, or send me a new one!
　fix は、「修理する、直す」

　・How long will it take to get this tablet *fixed*?
　　（このタブレット・コンピュータを修理するのに、どのくらい時間がかかりますか）

　・If you have any problem with it, I will *fix* it right away.
　　（何か不都合がありましたら、すぐに修理します）

カスタマーサポート英語表現一覧

※本書に出てくる覚えておきたい英語表現を拾い、キーワードの ABC 順に並べた。
※キーワードを前に出し、そのあとに英語表現をつづけた。

▶ A

able: I am *able* to..., but I cannot... 100
 we are not *able* to... 135, 141
according to: *According to* what you just said... 50
achieve: *achieve* a V-shaped recovery 37
action: unable to take any *action* 111
actually: Sorry for.... *Actually*... 35
 I would have loved..., but *actually*.... 35
additional: I cannot do it without *additional* cost to you. 100
 without any *additional* fee 102
 at an *additional* charge of... 102
address: I hope this *addresses* your question. 70
afraid: I'm *afraid*... 83
again: and *again* 140
allow: Please *allow* me (to)... 36, 41, 63
 thank you for *allowing* me to assist you 48
already: *already*... (＋現在完了形) 7
alternative: An *alternative* you might wish to consider is... 97
alternatively: *Alternatively*, you might... 11
another: I would like to suggest *another* way for you. 88
any: *any*... will be turned off 128
apologize: I [we] *apologize* 51
 I *apologize* for the inconvenience. 129
 I sincerely *apologize* 51, 54
apology: *apologies* again for the inconvenience 88
appreciate: I *appreciate* your being such a good neighbor. 73
 we (do/really) *appreciate* your business 31, 54, 69, 93, 101, 136
as soon as (possible) 12, 36, 52
ASAP (as soon as possible) 12

attention: I am giving this my full *attention*. 27
available: I will be *available* 102
 make oneself *available* 102
aware: As you are *aware*... 82

▶ B

believe: I [you] *believe* that... 10-11, 40
best: do one's *best* (to)... 46, 64
 I want to do my *best* to make sure that you are satisfied. 27
bite: have a *bite* to eat 32
bottom: get to the *bottom* of... 36
business: we (do/really) appreciate your *business* 31, 54, 69, 93, 101, 136
 We value your *business* 129
by: *by*... (期間) 27
 by now 31
 by mid-day 58
 by the end of the day 58

▶ C

can(not): I *cannot* do anything for you 106
 I *can* certainly help you with that. 6
catering 55
certain: I can't say for *certain* what is causing... 87
 I'm not *certain* as to the exact reason why... 87
certainly: I can *certainly* help you with that. 6
check: *check* in with... 30
 I would like to do some *checking*. 41
commitment: please don't take that as a *commitment* 69
concern: I [we] understand your *concern*... 16, 83, 135

143

thank you for letting us know about your concern... 82
confirm: Please allow me to *confirm*... 58
consideration: I hope this *consideration* on our part is useful to you. 117
continue: Thank you for *continuing* to meet... needs through our firm. 117
contract: the *contract* that you signed specified these terms 101
convenient: (物・時間) is (not) *convenient* for... 18
correct: Is my understanding *correct*? 51

▶ **D**
detail: I appreciate your explaining the *details* of what happened. 2
difficulty: Sorry again for the *difficulties*. 77
Thank you for letting me know about your *difficulty*... 22
do: We *do* thank you. 112

▶ **E**
enclosed 137
encourage: I would like to *encourage* you to... 141
everything: do *everything* possible... 55
expect: be *expecting* to... 94
explain: I appreciate your *explaining* the details of what happened. 2

▶ **F**
fair: not *fair* 125
feel: I understand (that) you *feel*... 105, 128
figure: *figure* out 37
fix 142
fortunate: I am [we are] *fortunate* that [to] ... 118
fortunately 76-77

▶ **G**
get: be *getting*... 32
could *get* back to... 78
go: I'm *going* to... 27

▶ **H**
happen: I see what *happened*. 3
It seems that what has *happened* is... 50

It sometimes *happens* that... 3, 22
What's *happening* right now is that... 26
happy: be not *happy*[be *unhappy*] with[about] 107
would be *happy* to... 70
hard: I will be working *hard* on this. 27
have: I'll *have* to... 27
hear: You probably have *heard* that... 82
help: *help* you with that 6
that could *help* 111
here: *here*'s what I can do for you 83
hesitate: please do not *hesitate* to contact us if... 88
honest: to be *honest* 41
hope: *hope* that we can get this resolved soon 129
hoping that... 42
I am *hoping* that... 48
I *hope* this answers your question. 70
I *hope* this was helpful. 11

▶ **I, J, K**
in other words: *In other words*, you're saying that... 50
in the meantime: *In the meantime*, I would like to suggest another way for you. 88
inconvenience: Apologies again for the *inconvenience* 88
I apologize for the *inconvenience*. 129
indeed 124
information: (修飾語＋) *information* 64
I don't have the *information* here. 27
inquiry: make an *inquiry* [some *inquiries*] 64
just: *just* (＋現在完了形) 17
know: As you may (already) *know*... 82
I don't *know*. 27
I don't *know* how satisfying an answer that I can give you at this time. 69

▶ **L**
later: no *later* than... 27
least: at *least*... (類：not more than.../ up to.../ a minimum of...) 47
less: There is considerably *less* time than... 100
let alone: *let alone* earlier 117

144

Let me...: *Let me*（＋原形不定詞） 31, 54
look: I *look* [am *looking*] forward to hearing from you soon. 22

▶ **M, N**
malfunction 89
meet: *meet...* needs through our firm 117
message: Thank you for your *message*. 76
　　We received your *message*. 76
might: Alternatively, you *might...* 11
missing: Am I *missing* anything? 51, 54
　　I'm so sorry that...*missing* 54
need: I *need* to... 27
now: I will go in *now* 6

▶ **O**
occasionally: This is something that *occasionally* crops up. 3
occur: I see how this could have *occurred*. 3
once: as soon as possible *once*... 36
opportunity: Thanks for the *opportunity* to... 107
order: place an *order* 7

▶ **P, Q**
paraphrasing 表現 50
pass: *pass* this information along to... 88
patience: Thank you for your *patience*. 27, 31, 93
patronage: 129
　　Thank you for your *patronage*. 3
pay: *pay* the full price for... 100
plan: Please *plan*... 106
please 22
previously: be in touch with us *previously* about this matter 128
　　see that you had... *previously* 140
priority: because of a high *priority* project 12
problem: that's no *problem* 6
procedure:（類：policy） 22
proof: I suggest that you give us *proof*. 129
question: I know it's important to have your *question* answered. 46

▶ **R**
receive: you have not yet *received* your order 93

recommend: I *recommend* that... 136
record: I (do) have a *record* 124
refund 59
remember: Please *remember* to... 106
repair: not able to make any *repairs* 141
research: I need to do some *research* 47
resolve: get... *resolved* soon 129
respectfully 112
right: Did I get that *right*?[Is that *right*?] 51
　　make this *right* 55
　　Please let me know if I don't have it *right*. 51

▶ **S**
see: I *see* that... 6, 50
serve: look forward to *serving* you 23
share: I'll *share* your problem with... 88
　　Thank you for *sharing* the situation with me. 2
shipment 64
shortly: You will be hearing back from me *shortly*.（類：soon） 42
sincerely: I *sincerely* apologize 51, 54
situation: So your *situation* is that... 50
　　The current *situation* is... 26
　　the *situation* remains the same 135
　　We've had this *situation* in the past. 3
solution: as a *solution* 16-17
some ...ing 41, 58
something: *Something* else you could do is... 97
　　Something that could be helpful would be to... 97
sorry: I am [we are] *sorry* 51
　　I am *sorry* but... 101, 125
　　I am [I'm] *sorry* (that) 97, 116, 136, 141
　　I am *sorry* that we cannot do more to meet your request. 117
　　I'm so [very] *sorry* 51, 54, 69, 93
　　I'm *sorry* that I was not able to give you the answer you wanted. 141
　　I'm *sorry* to hear that... 76, 87
　　sorry for this inconvenience 93
　　we are [we're] very *sorry* that... 57, 93
status: the business *status* of the firm 94
stone: leave no *stone* unturned 55

(→ everything: do everything possible)
suggest: I [We] *suggest*... 112
suggestion: but I do have a *suggestion* 141
   I have a *suggestion*... 97
summarize: To *summarize* what happened... 50-51
support: give you targeted *support* 77
sure: I'm not *sure* (of) 27, 46
   not *sure*... right now 46
   not *sure* why this is happening 87

▶ **T**
take: *take*（＋人）（＋期間）to... 93
   take 〜 as... 69
   Thank you for *taking* the time to... 2
tell: as you were *told* before 124
   So you're *telling* me that... 50
thank: *Thank* you again for... 83
   Thank you for being a... customer[our customer] 13, 42, 77
   Thank you for calling... 77
   Thank you for shopping with... 88
   Thank you for (your) understanding. 101, 136
   Thank you for using... 17, 23, 77
   Thank you for your consideration [your support, your friendship] 73
thanks: *Thanks*... 6, 58
   Thanks again 58
   Thanks for the opportunity to... 107
   Thanks so much 7, 30, 35, 57
then 11
though: I'll tell you what I can do *though*. 82
   There is something I can do for you *though*. 83
touch: be in *touch* with us 128
   I'll be back in *touch* once... 93
   keep in *touch* with... 78
trouble: I am having *trouble* with... 78
truly: I am *truly* sorry for that,... 111
turn: be *turned* off 128

▶ **U, V**
understand: I *understand* (that) 3, 30, 35, 40, 50, 96, 100
   I *understand* you feel... 128

I *understand* your problem. 10
thank you for your *understanding* 101
understand that it will make things difficult for you 111
unfortunately 106, 111, 117, 135
unhappy → happy
update: *update*... software 23
   I'll *update* you... 23
value: Dear *valued* customers 36
   a *valued* customer of ours 117
   We *value* your business [our customers] 36, 129

▶ **W**
wait: I appreciate your *waiting* while we investigate this matter. 27
walk: *walk* you through the steps 77
want: *want* you to be satisfied 142
   You *want* to... 10-11
warehouse: it's still at our *warehouse* 6
within 27
   within... at the most 31
wonder: I'm *wondering* if... 48
work: I will *work* on... 54
   work with you to solve 77
write: I'm *writing* to you 42
wrong: not able to find anything *wrong* with... 140
   There must be something *wrong* with... 130

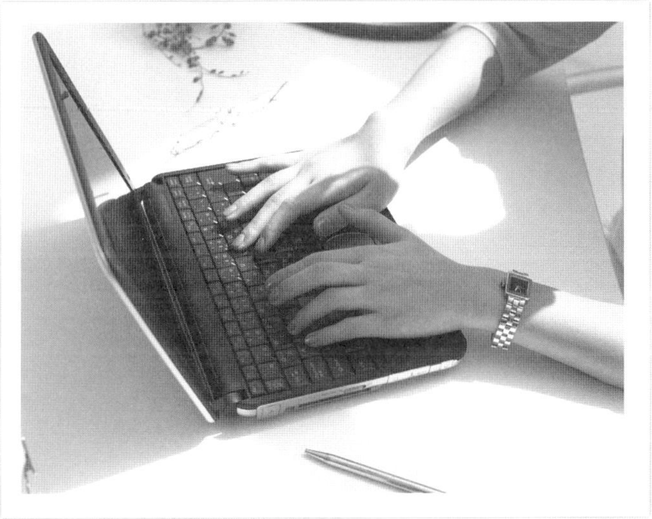

著者紹介

● ロッシェル・カップ（Rochelle Kopp）●

経営コンサルタント。全米および日本・欧州・南米・中国で日系多国籍企業に異文化コミュニケーション研修を提供するジャパン・インターカルチュラル・コンサルティング社（http://www.japanintercultural.com）社長。トヨタ自動車、富士通、東芝、本田、日立などの海外進出日本企業のほか、日本企業と取引のある外国企業へコンサルティング活動を行なう。エール大学歴史学部卒業、シカゴ大学経営大学院卒業(MBA取得)。著書に、『ビジネスで失敗しない！トラブル回避の英会話＆マナー』（研究社）、『外国人部下と仕事をするためのビジネス英語——指示・フィードバック・業績評価』（語研）、『現地スタッフと円滑に仕事を進めるための製造現場の英語表現』『新ビジネスミーティングの英語表現』（ジャパンタイムズ）など。

● 佐々木順子（ささき・じゅんこ）●

サンフランシスコ在住。ドキュメンタリー番組や文化事業、社会事業のリサーチャー／コーディネーターを務める。コピーライターの経験を生かし、企業のマーケティング関連の翻訳やローカライゼーションも多数手がける。

● 編集協力 ●
グリーンバーグ美穂・高見沢紀子・佐藤京子

● 音声吹込 ●
Chris Koprowski・RuthAnn Morizumi

● 本文イラスト ●
吉野浩司

● 写真 ●
カバー（表）写真　PIXTA（ピクスタ）
カバー（裏）・本文写真　素材辞典

カスタマーサービスの英語
お客様の苦情・要求にはこう対応したい！

When Your Customers Are Unhappy ― What Should You Do?

● 2012 年 9 月 11 日初版発行 ●

● 著者 ●

ロッシェル・カップ（Rochelle Kopp）
佐々木順子（Junko Sasaki）

Copyright © 2012 by Rochelle Kopp and Junko Sasaki

発行者 ● 関戸雅男
発行所 ● 株式会社　研究社
〒 102-8152　東京都千代田区富士見 2-11-3
電話　営業 03-3288-7777（代）　編集 03-3288-7711（代）
振替　00150-9-26710
http://www.kenkyusha.co.jp/

装丁 ● 久保和正
組版・レイアウト ● mute beat
音声編集・製作 ● （株）東京録音
印刷所 ● 研究社印刷株式会社

ISBN 978-4-327-43077-1 C2082　Printed in Japan

価格はカバーに表示してあります。

本書の無断複写（コピー）は著作権法上での例外を除き、禁じられています。
また、私的使用以外のいかなる電子的複製行為も一切認められていません。
落丁本、乱丁本はお取り替え致します。
ただし、古書店で購入したものについてはお取り替えできません。

研究社の出版案内

ビジネスで失敗しない！
トラブル回避の英会話＆マナー

ロッシェル・カップ

スワブ暁子 〔著〕

A5判 並製　200頁
ISBN978-4-327-43051-1　C1082

**プロが教える
ビジネスで成功するための
英会話＆マナー！**

外国人と日本人のあいだに起こるビジネス上の様々なトラブルについて、具体的な改善策や使えるフレーズ、会話例などを提示しながら、解決策を考える。ビジネスマナーのコラムも充実。

第1章　挨拶	第6章　他社の人とのコミュニケーション
第2章　受付・接客	第7章　会議
第3章　電話のやり取り	第8章　説得力のあるプレゼンテーション
第4章　Eメールのやり取り	第9章　交渉
第5章　社内の人とのコミュニケーション	第10章　社内・他社の人との社交